Los cuadernos de **ejercicios**

Alemán

Falsos principiantes

Bettina Schödel

Adaptado al español por Belén Cabal

Sobre este cuaderno

En unos 240 ejercicios repartidos en 21 capítulos, este cuaderno te permitirá hacer una revisión de los fundamentos de la gramática alemana así como numerosos temas de vocabulario, especialmente los preciados giros de frases y expresiones idiomáticas.

Cada capítulo aborda, en una primera fase (recuadros amarillos), un poco de la gramática básica (conjugación, declinación, sintaxis...) y ciertas particularidades fonéticas (recuadros rosas). El enfoque es metódico, los ejercicios depurados y adecuados a la gramática en cuestión. En una segunda fase, se trata el vocabulario (recuadros verdes). Esta parte es esencialmente lúdica y deductiva, a veces relacionada con el tema de gramática visto en el mismo capítulo, y hace referencia a tus conocimientos del idioma.

Algunos quizá observéis cambios ortográficos como **wie viel** en lugar de **wieviel**, **dass** en lugar de **daß**, etc. Esto se debe a la reforma de la ortografía. Son muchos y pueden sorprender a las personas que hayan estudiado el alemán antes de 2006.

Justo antes de las soluciones, encontrarás las tablas de conjugación y las declinaciones.

Este cuaderno te permite efectuar una autoevaluación: después de cada ejercicio, dibuja la expresión de tus iconos (☺ si tienes la mayoría de respuestas correctas, 😐 si tienes más o menos la mitad y ☹ para menos de la mitad). Al final de cada capítulo, escribe el número de iconos conseguidos en los ejercicios y, al final del libro, súmalos y apunta los iconos en la tabla que hemos preparado para este propósito.

Índice

1. Presente de indicativo 3-7
2. Imperativo 8-13
3. Perfecto 14-19
4. Imperfecto 20-25
5. Futuro 26-29
6. Subjuntivo II 30-35
7. Voz pasiva 36-41
8. Nominativo 42-47
9. Acusativo 48-53
10. Dativo 54-59
11. Genitivo 60-63
12. Acusativo – Dativo 64-69
13. Sintaxis 70-75
14. Verbos modales 76-79
15. Verbos con prefijo 80-85
16. Verbos con régimen preposicional 86-91
17. Infinitivos 92-97
18. La posesión 98-103
19. Pronombres relativos 104-109
20. La comparación 110-115
21. Números ordinales y cardinales 116-117
Tablas de conjugaciones 118-119
Tablas de declinaciones 120-121
Soluciones 122-127
Resultados de tu autoevaluación 128

Presente de indicativo

Conjugación y empleo del presente

Al igual que en español, sirve para expresar un estado, una situación o un hábito del presente, así como una verdad general. También sirve para expresar un acontecimiento si un adverbio de tiempo indica futuro. Se forma como sigue: **raíz del infinitivo + terminaciones del presente: komm(en) ➜ ich komme, du kommst, er/sie/es kommt, wir kommen, ihr kommt, sie/Sie kommen**.

- Verbos con alteración vocálica: **raíz del verbo + terminaciones del presente**. La raíz cambia en la 2.ª y 3.ª persona del singular: la **a** se convierte en **ä**, la **e** se convierte en **i** o **ie** y la **o** de **stoßen** se convierte en **ö**. Para las otras personas, se corresponde con la raíz del infinitivo: **geb(en) ➜ ich gebe, du gibst, er/sie/es gibt, wir geben, ihr gebt, sie/Sie geben**. Esto sucede en la gran mayoría de verbos fuertes *(ver capítulos 3 y 4)*.
- Ten en cuenta:
  - **-en** (en algunos casos **-n**) es la terminación del infinitivo de todos los verbos.
  - además de **er** *él* y **sie** *ella*, existe el neutro **es** que se traduce según el caso por *él*, *ella* o *lo*.
- Atención: los auxiliares **haben**, **sein** y **werden** tienen una conjugación particular.

If a verb is irregular it changes in the 2nd & 3rd person. No way to know when a verb is irregular...

I Completa la tabla con el presente de indicativo.

	ich	du	er/sie/es	wir	ihr	sie/Sie
wohnen to live	wohne	wohnst	wohnt	wohnen	wohnt	wohnen
to begin **beginnen**	beginne	beginnst	beginnt	beginnen	beginnt	beginnen
to question **fragen**	frage	fragst	fragt	fragen	fragt	fragen
to drive **fahren**	fahre	fährst	fährt	fahren	fahrt	fahren
to run **laufen**	laufe	läufst	läuft	laufen	lauft	laufen
to take **nehmen**	nehme	nimmst	nimmt	nehmen	nehmt	nehmen

2 Señala si los verbos son regulares (R)/sin alteración vocálica) o irregulares (I)/ con alteración vocálica) y, en los regulares, indica la 3.ª persona del singular del presente de indicativo.

Ejemplo: sprechen → (IR) er spricht

a. sehen → sie sieht

b. hoffen → sie hofft

c. schlafen → sie schläft

d. fallen → sie fällt

e. glauben → sie glaubt

f. gehen → sie geht

g. sagen → sie sagt

h. treffen → sie trifft

3 Completa la tabla con el presente de indicativo.

ich	du	er/sie/es	wir	ihr	sie/Sie
bin	bist	ist	sind	sight	sind
habe	hast	hat	haben	habt	haben
werde	werdst	wird	werden	wird	werden

4 Completa las frases con la ayuda de los siguientes verbos en presente de indicativo:

empfehlen sprechen grüßen LESEN finden bitten

a. Ich finde meine Brille nicht. Weißt du, wo sie ist?

b. Welche Zeitung liest Sie da?

c. Ich bitte dich um deine Hilfe.

d. Er ist schon seit einer Stunde am Telefon. Mit wem spricht er denn so lange?

e. Dieser Mann ist so unfreundlich. Er grüßt mich nie.

f. Was empfehlst du mir? Fisch oder Fleisch?

5 **Deriva los verbos a partir de los sustantivos y conjúgalos en la 3.ª pers. del sing. del presente de indicativo.** Ejemplo: die Miete → mieten → er/sie/es mietet.

a. die Sprache → Sprachen → er/sie/es spracht

b. die Schrift → Schreiben → er/sie/es schreibt

c. das Getränk → trinken → er/sie/es trinkt

d. die Liebe → Lieben → er/sie/es liebt

e. der Flug → fliegen → er/sie/es fliegt

f. die Reparatur → reparieren → er/sie/es repariert

Partícularidades fonéticas y ortográficas

Con un poco de práctica, muchas de estas particularidades te parecerán evidentes. No obstante, mejor las señalamos.

- En presente, los verbos cuya raíz del infinitivo termina por **-d** y **-t** o por algunos grupos de consonantes como **-chn**, **-tm**… intercalan una **e** en las 2.ª y 3.ª personas del singular y en la 2.ª persona del plural para facilitar la pronunciación: **arbeiten → du arbeitest, er/sie/es arbeitet, ihr arbeitet**. Si la vocal cambia, solo la 2.ª persona del plural añade una **e**: **halten → du hältst, er/sie/es hält, ihr haltet.**
- Los verbos cuya raíz del infinitivo termina por **-s**, **-ss**, **-ß**, **-tz** o **-z** añaden solo una **t** en la 2.ª persona del singular: **blasen → du bläst**.
- Los verbos con terminación **-eln** y **-ern** añaden solo una **-n** en la 1.ª y 3.ª personas del plural: **sammeln → wir sammeln, sie/Sie sammeln.** Observa que en estos mismos verbos, la **e** de la raíz generalmente se suprime en la 1.ª persona del singular, aunque esto no es obligatorio: **ich samm(e)le.**

6 **Completa la tabla conjugando los verbos en presente de indicativo.**

	ich	du	er/sie/es	wir	ihr	sie/Sie
baden	bade	badest	badet	baden	badet	baden
reisen	reise	reist	reist	reisen	reist	reisen
wechseln	wechele	wechselst	wechselt	wechseln	wechselt	wechseln

7 **Conjuga los verbos en presente de indicativo en las personas indicadas.**

a. antworten *(2.ª persona del plural)* → ihr antwortet

b. zeichnen *((3.ª persona del singular)* → er zeichnet

c. verändern *(3.ª persona del plural)* → sie verändern

d. lesen *(2.ª persona del singular)* → du liest

¿Tú o usted?

- **Sie** con la **S** en mayúscula corresponde a *usted / ustedes*, **du** a *tú* y **ihr** a *vosotros*. El pronombre personal **sie** con la **s** minúscula corresponde a *ellos* y *ellas*.
- Al igual que en español, el uso de ciertas fórmulas de saludo difiere según te dirijas de tú o de usted a la persona. **Hallo!** *(¡Hola!)* y **Tschüss!** *(¡Hasta luego!)* se utilizan sobre todo con el tuteo, mientras que **Guten Tag!** *(¡Buen día!)* y **Auf Wiedersehen!** *(¡Adiós!)* son más fromales. Esto es una regla general, pero según el contexto y la forma de pronunciar, **Tschüss!** y **Hallo!** también son compatibles con *usted* al igual que **Guten Tag!** y **Auf Wiedersehen!** con *tú*. **Guten Morgen!** se dice por la mañana, se corresponde con el *Good morning!* inglés y sirve tanto para *tú* como para *usted*.

tiempo = Zeit = time

8 **Conjuga «tener tiempo»: *Zeit haben*.**

a. ¿Tiene tiempo? *(usted)* → Haben Sie zeit?

b. ¿Tienes tiempo? → Habst du zeit?

c. ¿Tienen tiempo? *(ellos)* → Haben sie zeit?

d. Ellas tienen tiempo. → sie Haben zeit

9 **Transcribe estas frases de saludo para dirigirlas a «vosotros» y a «usted» (en la 2.ª frase, para el «vosotros», añade el nombre *Sabina*).**
Recuerda que debes adaptar la fórmula de saludo según corresponda..

	Tú	Vosotros	Usted
Hello, who are you?	Hallo, wer bist du?	Hallo, wer seid ihr?	Hallo, wer sind sie?
what is your name? Paul and you?	Wie heißt du? – Paul, und du?	Wie heißt ihr? Paul, und ihr?	Wir heißen Sie? Paul, und sie?
where are you from?	Woher kommst du?	Woher Kommt ihr?	Woher Kommen Sie?
where do you live?	Wo wohnst du?	Wo wohnt ihr?	Wo wohnen Sie
How long have you been in Berlin	Wie lange bist du schon in Berlin?	Wie lange seid ihr schon in	Wie lange sind sie schon in
nice that you came	Schön, dass du gekommen bist.	Schön, dass ihr gekommen seid	Schön, dass Sie gekommen sind
bye!	Tschüss!	Tschüss!	Tschüss

10 Completa estas fórmulas de saludo con:

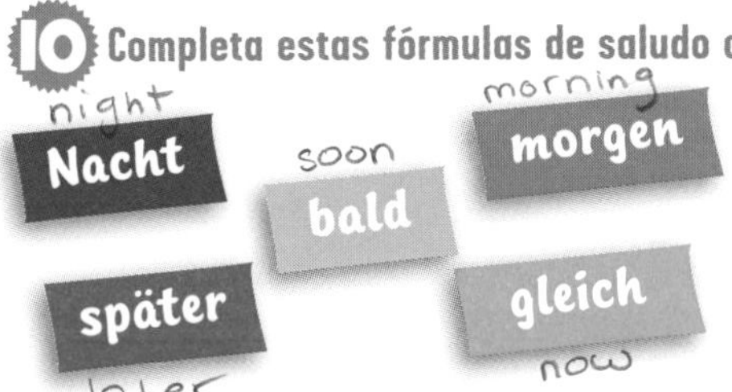

a. Bis ....! (¡Hasta luego!)
b. Bis ....! (¡Hasta mañana!)
c. Bis ....! (¡Hasta más tarde!)
d. Gute ....! (¡Buenas noches!)
e. Bis ....! (¡Hasta ahora!)

Traducir: *¡a mí también!, ¡a mí tampoco!*

En alemán, el pronombre tónico se declina. Puede ser **nominativo**, **acusativo** o **dativo**, en función de su papel en la frase.

- **Ich heiße Paul. Und du?** *Yo me llamo Paul. ¿Y tú?*
  Se sobreentiende: **Und wie heißt du? ➜** nominativo.
- **Es ärgert mich! – Mich auch!** *¡Eso me molesta! – ¡A mí también!*
  Se sobreentiende: **Es ärgert mich auch! ➜** acusativo.
- **Mir gefällt es. – Mir nicht!** *Eso me gusta. – ¡A mí no!*
  Se sobreentiende: **Mir gefällt es nicht! ➜** dativo.

11 Completa las frases con el pronombre tónico adecuado (para las declinaciones del pronombre personal, ver tabla de la página 120).

a. *Yo soy de Munich. ¿Y tú?*
➜ Ich komme aus München. Und ....?

b. *¡Me encanta! ¡A mí también!*
➜ Es freut mich! .... auch!

c. *Me gusta. ¿A ti no?*
➜ Mir schmeckt es. .... nicht!

d. *Yo voy. ¿Tú también?*
➜ Ich komme mit. .... auch!

e. *Me ha gustado mucho. ¿Y a usted?*
➜ Es hat mir sehr gut gefallen. Und ....?

Bravo, ¡has llegado al final del capítulo 1! Ahora debes contabilizar los iconos y trasladar el resultado a la página 128 para la evaluación final.

Imperativo

Conjugación y uso del imperativo

El uso del imperativo es el mismo que en español, pero solo tiene una forma para los pronombres de cortesía (**Sie** ➜ usted / ustedes).

- La mayoría de los verbos forman su imperativo como sigue: **raíz del infinitivo + terminaciones del imperativo: tanz(en) ➜ Tanz(e)!, Tanzen wir!, Tanzt!, Tanzen Sie!**

  Observarás que la **-e** de la 2.ª persona del singular es opcional y que la 1.ª persona del plural y la forma de cortesía se conjugan con el pronombre personal colocado detrás del verbo.

  Atención con el verbo **sein ➜ Sei!, Seien wir!, Seid!, Seien Sie!**

- Los verbos que tienen alternacia vocálica **e/i** o **e/ie** en presente de indicativo, mantienen esta misma alternancia vocálica en imperativo: **geben ➜ Du gibst mir das. ➜ Gib mir das!**
- En el caso de los verbos con prefijos separables *(ver capítulo 15)*, estas se colocan al principio de la frase como **losfahen ➜ Fahr los! / Fahr jetzt los!**
- En las frases negativas, **nicht** se coloca detrás del verbo o el pronombre en las frases con **wir** y **Sie**: **Komm nicht zu spät nach Hause! / Kommen Sie nicht zu spät nach Hause!**

1 Conjuga los verbos siguientes en el imperativo de las personas indicadas.

a. kommen *(2.ª persona del plural)* ➜ ....

b. nicht zu laut singen *(2.ª persona del singular)* ➜ ....

c. an/rufen* *(1.ª persona del plural)* ➜ ....

d. das Buch lesen *(2.ª persona del plural)* ➜ ....

e. spazieren gehen *(1.ª persona del plural)* ➜ ....

f. da bleiben *(usted)* ➜ ....

g. mit/kommen *(2.ª persona del plural)* ➜ ....

h. Blumen kaufen *(2.ª persona del singular)* ➜ ....

*prefijo separable

2 Traduce las frases con los grupos infinitivos siguientes:

bitte pünktlich sein NICHT TRAURIG SEIN
nett zu ihr sein ehrlich sein vorsichtig sein

a. ¡Sé puntual, por favor! → ....

b. ¡Seamos sinceros! → ....

c. ¡Sé amable con ella! → ....

d. ¡No esté triste! → ....

e. ¡Sé prudente! → ....

3 Relaciona estas exclamaciones en imperativo con su traducción al español.

1. Pass auf! •
2. Fahr weiter! •
3. Geh weg! •
4. Sprich leiser! •
5. Komm mit! •
6. Hör auf! •
7. Halt an! •

• a. ¡Para ya! *(de hacer algo)*
• b. ¡Ven conmigo / con nosotros!
• c. ¡Vete!
• d. ¡Baja la voz!
• e. ¡Continúa! *(se sobreentiende circulando)*
• f. ¡Presta atención!
• g. ¡Para! *(se sobreentiende conduciendo)*

4 Escribe el contrario de estos verbos con el prefijo correspondiente o con un adverbio según convenga: *zu, aus, rückwärts, weniger, runter*. Después relaciona cada una con su traducción.

1. Steig ein! ≠ Steig .... ! •
2. Fahr vorwärts! ≠ Fahr .... ! •
3. Komm hoch! ≠ Komm .... ! •
4. Iss mehr! ≠ Iss .... ! •
5. Mach die Tür auf! ≠ Mach die Tür .... ! •

• a. ¡Come más! ≠ ¡Come menos!
• b. ¡Sube! ≠ ¡Baja! *(del colche, del autobús...)*
• c. ¡Abre la puerta! ≠ ¡Cierra la puerta!
• d. ¡Sube!/¡Ven arriba! ≠ ¡Baja!/¡Ven abajo!
• e. ¡Avanza! ≠ ¡Retrocede!

Particularidades fonéticas y ortográficas

Aquí también podrás dejarte guiar pronto por tu oído, más aún cuando la regla es en sí misma imprecisa y te ofrece varias posibilidades.

- En imperativo, los verbos cuya raíz del infinitivo termina por **-d**, **-t** o ciertos grupos de consonantes como **-chn**, **-tm**... añaden en general una **-e** en la 2.ª persona del singular y del plural: **zeichnen** *(dibujar)* → **Zeichne einen Hund! / Zeichnet einen Hund!** Observa que en los verbos irregulares *(ver capítulos 3 y 4)*, la **-e** es opcional en la 2.ª persona del singular: **Lad(e) ihn ein!**
- Los verbos que terminan en **-ern** o **-eln** añaden una **-e** en la 2.ª persona del singular: **wackeln** *(mover)* → **Wack(e)le nicht so!** La **e** de la raíz se suprime en la mayoría de los casos, aunque esto no es obligatorio.

5 Completa la tabla con el imperativo.

2.ª persona del singular	2.ª persona del plural
....	Arbeitet schneller!
Verändere nichts!	....
Bade nicht jetzt!	....
....	Ärgert mich nicht!
....	Wechselt 100 Euros!
Lad(e) ihn ein!	....

6 Pasa del *usted/ustedes* (Sie) al *tú* (du/ihr). Atención a la particularidad fonética de algunos verbos.

a. Finden Sie es sofort! → ....

b. Schreiben Sie es auf! → ....

c. Lassen Sie mich in Ruhe! → ....

d. Schneiden Sie es in zwei! → ....

e. Steigen Sie bitte ein! → ....

f. Haben Sie etwas Geduld! → ....

Interjecciones y fórmulas exclamativas

En alemán hay muchas y pueden ser (casi) iguales que en español o totalmente diferentes: *¡Fantástico!*, *¡Guay!* se traduce tanto por **Super!** como por **Toll!** Atención a **Gesundheit: die Gesundheit** significa *la salud* y la exclamación **Gesundheit!** equivale tanto a *¡Salud!* como a *¡Jesús!* (tras un estornudo).

7 **Relaciona cada interjección alemana con su equivalente en español.**

1. Aua!/Auatsch!	**a**. ¡Bah!
2. Bäh!/Pfui!/Igitt!	**b**. ¡Hurra!
3. Uff!	**c**. ¡Buena suerte!
4. Hurra!	**d**. ¡Ah, bueno!
5. Ach so!	**e**. ¡Mira! / ¡Mirad!
6. Na also!	**f**. ¡Uf!
7. Toi, toi, toi!	**g**. ¡Ay!

8 **Relaciona cada fórmula exclamativa alemana con su equivalente en español.**

1. Zum Glück!	**a**. ¡Qué pena!
2. Schade!	**b**. ¡Gracias a Dios!
3. Gott sei Dank!	**c**. ¡Maldita sea! / ¡Caramba!
4. Gesundheit!	**d**. ¡Salud!
5. Mensch!	**e**. ¡Que aproveche!
6. Prost! Zum Wohl!	**f**. ¡Jesús! / ¡Salud!
7. Guten Appetit!	**g**. ¡Por suerte!

9 **Ordena las letras para encontrar la traducción de las siguientes palabras.**

a. ¡Silencio! **U/H/R/E**

➜ ....

b. ¡Cuidado! **C/H/N/G/U/T/A**

➜ ....

c. ¡Salid! **U/S/R/A**

➜ ....

d. ¡Vamos! **O/S/L**

➜ ....

Vocabulario de la naturaleza, los animales y los insectos

No confundir **der See** que significa *el lago* con **die See** que significa *el mar*, y más concretamente **die Nordsee** *el mar del Norte* y **die Ostsee** *el mar Báltico*. Si vas a pasar una temporada en estas regiones, recuerda el término **Strandkorb**. Son una especie de sillones de mimbre con capota para que te puedas proteger del sol, pero también del viento y de la lluvia.

10 Traduce al alemán o al español las siguientes palabras.

a. el bosque → der ....

b. el árbol → der ....

c. la hoja → das ....

d. la flor → die ....

e. el mar* → das ....

f. .... → der Strand

g. la arena → der ....

h. .... → die Welle

i. la montaña → der ....

j. .... → der Bach

k. .... → das Gras

l. .... → der Stein

m. .... → der Bauernhof

n. el animal → das ....

o. .... → der Stall

p. .... → das Feld

**(otra forma distinta de See)*

11 Relaciona cada verbo con su traducción al español.

1. tauchen •	• **a.** montar a caballo
2. Ski fahren •	• **b.** hacer alpinismo
3. wandern •	• **c.** bucear
4. bergsteigen •	• **d.** practicar la vela
5. reiten •	• **e.** hacer senderismo
6. segeln •	• **f.** esquiar

12 Completa las traducciones utilizando solamente vocales.

a. el león → der **L _ W _**

b. el gato → die **K _ TZ _**

c. el cerdo → das **SCHW _ _ N**

d. la oveja → das **SCH _ F**

e. la mariposa → der **SCHM _ TT _ RL _ NG**

f. el mosquito → die **M _ CK _**

g. el pájaro → der **V _ G _ L**

h. el ratón → die **M _ _ S**

i. la vaca → die **K _ H**

j. el lobo → der **W _ LF**

k. la jirafa → die **G _ R _ FF _**

l. la hormiga → die **_ M _ _ S _**

m. el caballo → das **PF _ RD**

n. la liebre → der **H _ S _**

ñ. el pez → der **F _ SCH**

o. la abeja → die **B _ _ N _**

p. la araña → die **SP _ NN _**

q. la avispa → die **W _ SP _**

13 Ordena las letras correctamente para poder traducir los siguientes verbos.

a. ladrar **N/L/B/E/L/E**
→ ....

b. maullar **I/U/A/M/N/E**
→ ....

c. nadar **M/C/I/S/H/W/E/M/N**
→ ....

d. volar **L/F/G/I/N/E/E**
→ ....

e. rugir **N/B/L/L/R/Ü/E**
→ ....

f. picar **T/H/N/S/E/E/C**
→ ....

Expresiones idiomáticas

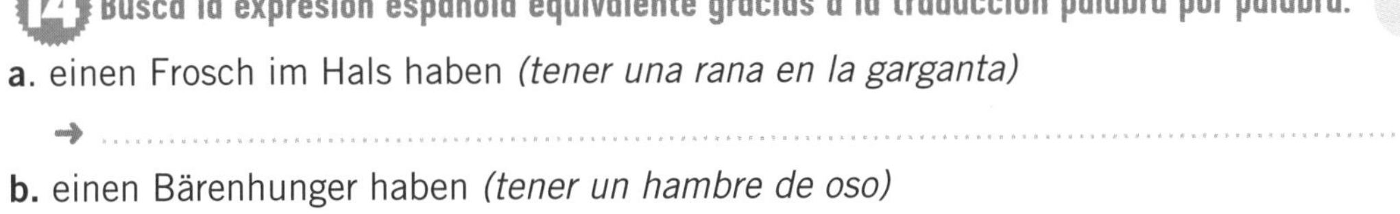

Muchas expresiones idiomáticas alemanas hacen referencia a un animal. Es interesante constatar que, a menudo, la expresión equivalente en español también se refiere a un animal pero no al mismo. Y en algunos casos, la expresión española utiliza una imagen diferente.

14 Busca la expresión española equivalente gracias a la traducción palabra por palabra.

a. einen Frosch im Hals haben *(tener una rana en la garganta)*
→ ....

b. einen Bärenhunger haben *(tener un hambre de oso)*
→ ....

c. bekannt sein wie ein bunter Hund *(ser conocido como un perro multicolor)*
→ ....

d. zwei Fliegen mit einer Klappe schlagen *(golpear dos moscas con un matamoscas)*
→ ....

Bravo, ¡has llegado al final del capítulo 2! Ahora debes contabilizar los iconos y trasladar el resultado a la página 128 para la evaluación final.

3 Perfecto

Conjugación y uso del perfecto

El perfecto corresponde al pretérito perfecto español. Se utiliza para expresar un acontecimiento ocurrido en el pasado con relación en el presente. Pero actualmente, en la conversación oral, el perfecto sustituye cada vez más al pretérito *(ver capítulo 4)*.

El perfecto es un tiempo compuesto. Se forma normalmente con el auxiliar **haben** y, en algunos casos, con **sein**. El auxiliar está en presente y el participio pasado, que se coloca al final de la frase, se forma de la siguiente manera:

- en el caso de los verbos regulares (sin prefijo), el participio pasado se compone del prefijo **ge- + raíz del infinitivo + t**: **machen → gemacht**. Atención, las raíces que terminan en **-d**, **-t** o los grupos de consonantes **-chn**, **-tm** añaden el sufijo **-et**: **arbeiten → gearbeitet**.
- en el caso de los verbos irregulares (sin prefijo), se compone del prefijo **ge- + raíz del verbo + en**. La raíz del participio pasado puede ser idéntica a la del infinitivo, o presentar una alteración vocálica: **fahren → gefahren / sprechen → gesprochen**.
- en el caso de los verbos con prefijo inseparable o de los verbos que terminan en **-ieren**, no se añade **ge-**: **besuchen → besucht / reparieren → repariert**.
- en el caso de los verbos regulares e irregulares con prefijo separable, se intercala **ge-** entre el prefijo y la raíz: **aufmachen → aufgemacht / losfahren → losgefahren**.

*para la regla que rige los verbos con prefijos, *ver capítulo 15*.

1 Completa las frases con el participio pasado de los siguientes verbos (todos son verbos regulares):

hören | suchen | packen | duschen | kaufen

a. Er hat überall .... , aber er findet seine Uhr nicht.

b. Ich habe ein neues Auto ....

c. Hast du schon deinen Koffer ....

d. Habt ihr gebadet? – Nein, wir haben ....

e. Ich habe es im Radio ....

2 Indica el participio pasado o el infinitivo de los siguientes verbos irregulares.

a. sehen ➜ ....

b. trinken ➜ ....

c. finden ➜ ....

d. laufen ➜ ....

e. nehmen ➜ ....

f. gesprungen ➜ ....

g. geholfen ➜ ....

h. gegessen ➜ ....

i. geblieben ➜ ....

j. gegangen ➜ ....

3 Indica el participio pasado de los siguientes verbos.

a. telefonieren ➜ ....

b. abschicken* ➜ ....

c. einladen* ➜ ....

d. ankommen* ➜ ....

e. versuchen ➜ ....

f. gehören ➜ ....

g. verbieten ➜ ....

h. reparieren ➜ ....

*prefijo separable

HABEN sein SEIN HABEN

Uso de haben o sein

- Se conjugan con **haben**:
  - los verbos transitivos (con un complemento de objeto directo): **Sie haben die Tür geöffnet.**
  - los verbos pronominales y reflexivos: **Ich habe mich geirrt. / Er hat sich gekämmt.**
  - los verbos intransitivos que expresan posición, estado o proceso que dura, salvo **bleiben** *(quedarse)* y **sein** *(ser/estar)*: **Ich habe eine Stunde im Regen gestanden. / Wie lange hast du geschlafen?**

Ten en cuenta que **anfangen / beginnen** *(comenzar)* y **aufhören** *(parar)* se consideran verbos que marcan un estado y por tanto se conjugan con **haben**.

- Se conjugan con **sein**:
  - los verbos intransitivos que expresan un cambio de estado o de lugar o un movimiento: **Er ist gewachsen. / Ich bin nach Hause gegangen.**
  - así como los verbos **bleiben** y **sein**: **Ich bin in Rom gewesen.**

- Atención: **fahren** y algunos otros pocos verbos que expresan movimiento se construirán con **haben** o con **sein**.
  - **Ich habe das Auto in die Garage gefahren** (transitivo). ≠ **Ich bin nach Berlin gefahren** (intransitivo de movimiento).

4 Completa las frases con *haben* o *sein*.

a. Ich .... einen schönen Film gesehen.
b. Wir .... zu Fuß gegangen.
c. Sie *(3.ª persona del plural)* .... eine Stunde auf den Bus gewartet.
d. Wie lange .... ihr geblieben?
e. Schnell, der Film .... schon angefangen.
f. Es .... den ganzen Tag geregnet.

KINO

5 Pon las frases en perfecto.

a. Er trinkt viel.
➜ ....
b. Er läuft schnell.
➜ ....
c. Er wäscht sich.
➜ ....
d. Es schneit.
➜ ....
e. Er ist bei mir.
➜ ....
f. Er kommt.
➜ ....

Traducir *no*

Existen dos formas para expresar la negación.

- **Nicht** es la negación principal. Puede hacer referencia a toda la frase o a un elemento de la misma y, por lo tanto, su lugar varía.

Cuando la negación abarca toda la frase, **nicht** se coloca:

– antes de un complemento con preposición: **Peter wohnt nicht in Frankreich**.
– antes de un adjetivo calificativo o de un adverbio: **Sie ist nicht groß**. **/ Es ist nicht viel.**
– después de un complemento sin preposición: **Ich komme morgen nicht.**

Cuando la negación no implica a más de un sujeto (en algunas oraciones compuestas) **nicht** se pone siempre delante de este. La frase, en este caso, se completa normalmente con **sondern**: **Nicht Peter lebt in Frankreich, sondern sein Bruder.**

- **Kein** es la negación del artículo **ein**: **Es gibt ein Kino. ➜ Es gibt kein Kino.** A diferencia de **ein**, tiene una forma plural: **Es gibt Kinos. ➜ Es gibt keine Kinos.** *(se conjuga como **ein/mein**, ver declinación en la página 120)*
- **Kein** también es la negación:

– de los grupos nominales sin artículo: **Ich esse Brot und trinke Wein.** *JComo pan y bebo agua.* **➜ Ich esse kein Brot und trinke keinen Wein.** Observa que en alemán, al igual que en español, no hay determinante numeral partitivo.

– las expresiones sin artículo: **Ich habe Zeit. ➜ Ich habe keine Zeit.**

Y *Un solo caso no hace la regla* se dice **Einmal ist keinmal** *(Una vez es ninguna vez)*.

6 Escribe las frases en la forma negativa.

a. Ich habe ein neues Auto.

➜ ....

b. Sie ist zu schnell gefahren.

➜ ....

c. Ich habe Arbeit.

➜ ....

d. Ich liebe dich.

➜ ....

e. Das ist Gold.

➜ ....

f. Ich denke an die Arbeit.

➜ ....

7 Relaciona cada frase con su traducción en español.

1. Ich habe keine Angst. •
2. Ich habe keinen Durst. •
3. Ich habe kein Geld. •
4. Ich habe keine Ahnung. •
5. Ich habe keinen Bock. •
6. Ich habe keinen Hunger. •
7. Ich habe keine Lust. •

• **a**. No tengo ni idea.
• **b**. No tengo hambre.
• **c**. No tengo ganas.
• **d**. Eso no me mola.
• **e**. No tengo sed.
• **f**. No tengo dinero.
• **g**. No teno miedo.

Vocabulario para identificarse y presentarse

Der Personalausweis significa *carné de identidad* y **der Reisepass** *pasaporte*. Algunos términos empleados en los documentos de identidad o para redactar una carta de presentación forman parte del vocabulario común, pero otras son específicas. Los ejercicios siguientes te permitirán aprender algunos o revisar los que todavía no dominas. Pero también puedes recurrir a la siguiente expresión: **Sag mir, wer deine Freunde sind, und ich sage dir, wer du bist.**

8 Completa el texto con los siguientes participios pasados:

studiert   geboren   gewesen   kennen gelernt
gelernt   gemacht (x2)   gegeben   gegangen

Ich heiße Robert Schmitt und bin Deutscher. Ich bin am 5.09.1982 in Köln .... 2001 habe ich das Abitur .... und bin dann für 2 Jahre nach Südamerika .... Es war sehr interessant. Ich habe Spanisch und Portugiesisch ...., und um Geld zu verdienen habe ich Englisch- und Deutschkurse .... Fremdsprachen interessieren mich sehr, da ich gern reise. Insgesamt bin ich schon in 54 Ländern .... Nach meiner Rückkehr aus Südamerika habe ich von 2003 bis 2010 Medizin an der Universität Berlin .... und habe dann ein Praktikum im Stadtkrankenhaus von Heidelberg .... Da habe ich meine Frau ....
Nun arbeite ich als Kinderarzt in einer Klinik in Köln (...).

9 Rellena este formulario o tacha las informaciones inútiles basándote en el texto de aquí arriba.

1. Name : ____________________ 2. Vorname : ____________________
3. Geburtstag: ____________________ 4. Geburtsort : ____________________
5. Staatsangehörigkeit : ____________________
6. Familienstand : ledig, verheiratet, geschieden, verwitwet.
7. Ausbildung/Studium : ____________________
8. Beruf : ____________________
9. Sprachen : ____________________
____
10. Hobbys : ____________________

10 **Aquí tienes otros términos que aparecen en los documentos de identificación. Selecciona cuál es la traducción de cada uno: *válido hasta, color de ojos, altura, sexo, domicilio, firma del titular.***

a. Augenfarbe → ....

b. Geschlecht → ....

c. gültig bis → ....

d. Wohnort → ....

e. Unterschrift des Inhabers → ....

f. Größe → ....

11 **Señala en la sopa de letras la traducción de los siguientes *hobbies*:**

T	M	A	L	E	N	P	S
U	U	T	O	A	O	F	P
K	S	A	K	S	T	G	O
M	I	N	O	H	E	V	R
B	K	Z	C	I	S	E	T
V	U	E	H	U	A	S	E
O	K	N	E	K	L	A	R
I	S	I	N	G	E	N	U
H	C	E	R	I	S	U	T
R	H	H	S	M	E	I	D
E	A	N	K	I	N	O	D
B	C	M	V	L	H	O	S
B	H	L	M	K	U	L	V

Bravo, ¡has llegado al final del capítulo 3! Ahora debes contabilizar los iconos y trasladar el resultado a la página 128 para la evaluación final.

El pretérito

Conjugación y uso del pretérito

En un principio, el pretérito se utilizaba para informar de un acontecimiento pasado y definitivamente acabado. **Es war einmal...** *Érase una vez...* Pero actualmente, se utiliza cada vez menos en la conversación oral y se reemplaza normalmente por el perfecto.

- El pretérito de los verbos regulares se forma como sigue: **raíz del infinitivo + terminaciones del pretérito: spielen ➜ ich spielte, du spieltest, er/sie/es spielte, wir spielten, ihr spieltet, sie/Sie spielten.**
- El pretérito de los verbos irregulares se forma como sigue: **raíz del verbo en pretérito + terminaciones del pretérito.** Observa que las raíces de todos los verbos irregulares presentan una alteración vocálica: **sehen ➜ ich sah, du sahst, er/sie/es sah, wir sahen, ihr saht, sie/Sie sahen** / **laufen ➜ ich lief, du liefst...**
- Atención: la conjugación de **sein**, **haben** y **werden** difiere ligeramente de la regla.

1 Completa la tabla con los verbos *bauen* y *sagen* en pretérito.

ich	du	er/sie/es	wir	ihr	sie/Sie
ich baute	....	....	....	....	....
....	....	....	wir sagten	....	....

2 Completa la tabla con los verbos *laufen* y *lügen* en pretérito.

ich	du	er/sie/es	wir	ihr	sie/Sie
....	....	....	liefen	....	....
....	....	....	....	....	logen

3 Completa las tablas.

Infinitivo	1.ª pers. sing. pret.
....	trug
....	half
....	schrieb
....	gab

Infinitivo	1.ª pers. sing. pret.
nehmen	....
gehen	....
lesen	....
fliegen	....

4 Completa la tabla en pretérito.

ich	du	er/sie/es	wir	ihr	sie/Sie
war	....	....	....	wart	....
....	....	hatte	hatten	....	....
wurde	....	....	....	....	wurden

Grupos consonánticos

Siguen la misma lógica para el presente que para el imperativo.

- En pretérito, los verbos regulares cuya raíz termina en **-d**, **-t** o algunos grupos de consonantes como **-chn**, **-tm**... añaden una **-e** delante de la terminación para facilitar la pronunciación: **arbeiten → ich arbeitete, du arbeitetest**...
- Los verbos irregulares cuya raíz termina en **-d** o **-t** añaden una **e** intercalada en la 2.ª persona del plural y a veces del singular para facilitar la pronunciación. La regla del singular es sin embargo menos rígida: **reiten → ich ritt, du ritt(e)st, er ritt... ihr rittet...**
- Los verbos irregulares cuya raíz termina en **-s**, **-ss** o **-ß** añaden solo una **-t** en la 2.ª persona del singular: **blasen → du bliest.** Ten en cuenta que existe también la variante con **-est → du bliesest**, pero actualmente se utiliza menos.

5 Conjuga los verbos en pretérito en la persona indicada.

a. ich fand → ihr ....

b. ich zeichnete → du ....

c. ich las → du ....

d. ich redete → sie *(3.ª p. pl.)* ....

6 **Deriva el infinitivo de los verbos a partir de los sustantivos y después indica la traducción: *sentir, rogar/pedir, rezar, discutir, aconsejar, aterrizar.***

a. die Landung ➜ .... ➜ ....

b. das Gebet ➜ .... ➜ ....

c. der Rat ➜ .... ➜ ....

d. der Streit ➜ .... ➜ ....

e. die Bitte ➜ .... ➜ ....

f. die Empfindung ➜ .... ➜ ....

Casos particulares

Los **verbos regulares mixtos** son una mezcla entre los verbos regulares y los verbos irregulares. Son regulares en presente y, como los verbos irregulares, cambian la raíz en el pasado conservando las terminaciones de los verbos regulares: **rennen – rannte – gerannt**. Hay **6** verbos regulares mixtos: (**rennen, bringen, denken, kennen, nennen, brennen**) + otros **2** que se pueden conjugar como verbos regulares e irregulares: **senden** *enviar* ➜ **sendete/sandte – gesendet/gesandt** y **wenden** *girar* ➜ **wendete/wandte – gewendet/ gewandt**.

7 **Completa las frases con *rennen, nennen, brennen, kennen, denken* en presente de indicativo.**

a. Seit wie vielen Jahren .... ihr euch?

b. Hilfe! Es ....

c. Ich heiße Alexander aber alle .... mich Alex.

d. Er .... sehr schnell.

e. Ich .... die ganze Zeit an dich.

S.O.S

8 **Indica el pretérito (3.ª persona del singular) y el participio pasado de estos verbos.**

a. brennen ➜ .... ➜ ....

b. bringen ➜ .... ➜ ....

c. denken ➜ .... ➜ ....

d. kennen ➜ .... ➜ ....

e. nennen ➜ .... ➜ ....

Traducir *cuando*

Los alemanes adoran la precisión y el caso de *cuando* es un buen ejemplo. En función del contexto, se utiliza **als**, **wenn** o **wann**.

- **als + verbo en pretérito** marca un acontecimiento puntual y posiblemente único del pasado, de corta o larga duración y significa *cuando* en el sentido de *mientras*.
  → **Er rief an, als ich im Garten war.** *Él llamó cuando/mientras yo estaba en el jardín.*
- **wenn + verbo en pretérito** significa *cuando* en el sentido de *cada vez que / siempre que* y puede estar precedido de **jedes Mal**.
  → **(Jedes Mal) Wenn er Zeit hatte, ging er zu Fuß.** *Siempre que/Cuando (él) tenía tiempo, iba a pie.*
- **wenn + verbo en presente** señala tanto un momento puntual o repetible en el futuro como una repetición en el presente.
  → **Wenn ich groß bin...** *Cuando sea mayor...*
  → **(Jedes Mal) Wenn er kann...** *Cada vez que puede...*

  Observa que **wenn** también puede signigicar *si (ver capítulo 6).*
- **wann** significa *cuándo* en las interrogaciones directas e indirectas.
  → **Wann kommt er?** *¿Cuándo viene?*
  → **Ich frage mich, wann er kommt.** *Me pregunto cuándo viene.*

9 **Completa estas frases con *als*, *wenn* o *wann*.**

a. .... ich 18 werde, mache ich eine große Feier.

b. Meistens ging ich zu Fuß zur Schule, aber .... es regnete, nahm ich immer den Bus.

c. Ich weiß nicht, ... der Film beginnt.

d. .... er sein erste Stelle bekam, war er 22.

10 **Traduce estas subordinadas introducidas por *als*. Todas señalan un momento único de la vida.**

a. Als er geboren ist*, ...

b. Als er 20 wurde, ...

c. Als er das Abitur machte, ...

....

d. Als er heiratete, ...

e. Als er sein erstes Kind bekam, ...

....

f. Als er starb, ...

*en este caso, verbo en pasiva.

El vocabulario de la hora

Para preguntar la hora, puedes elegir entre **Wie spät ist es?** y **Wie viel Uhr ist es?** Para responder, es un poco más difícil, sobre todo con los horarios no oficiales.

- Se utilizan los números hasta el 12 y se indican primero los minutos y luego la hora completa. Hasta la media, se utiliza la preposición **nach** y se cuenta con respecto a la hora pasada → **5.10 → zehn nach fünf**. Pasadas la media, se utiliza **vor** y se cuenta respecto a la hora siguiente → **5.50 → zehn vor sechs**. El *cuarto* se dice **Viertel** y la *media* **halb**. Pero ATENCIÓN, para indicar la media, se cuenta respecto a la siguiente hora: **7.30** se dice **halb acht** y no ~~**halb sieben**~~. Y una última pequeña precisión: los términos **Mittag** *mediodía* y **Mitternacht** *medianoche* solamente se utilizan para la hora completa, si no se utiliza el número **12**: **Viertel nach zwölf** y no ~~**Viertel nach Mittag**~~ o ~~**Mitternacht**~~.
- Indicar los horarios oficiales (trenes, autobuses, aviones...) es afortunadamente mucho más sencillo. La regla es la misma que en español. Se utilizan los números del 0 al 24, seguido del término **Uhr**, y se indica la hora y después los minutos: **13.10 → dreizehn Uhr zehn.**

11 Escribe estas horas en letras de dos formas diferentes posibles.

a. 5.45 → .... / ....

b. 8.10 → .... / ....

c. 14.30 → .... / ....

d. 17.15 → .... / ....

e. 8.05 → .... / ....

f. 15.10 → .... / ....

12 Señala la respuesta correcta.

a. a las 10 h → **um/im/am 10 Uhr**

b. hacia las 10 h → **um/gegen/Richtung 10 Uhr**

c. por la mañana (temprano) → **am/im/bei Morgen**

d. por la mañana → **am/im/zum Vormittag**

e. al mediodía → **am/in der/im Mittag**

f. por la tarde (pronto) → **am/in der/im Nachmittag**

g. por la tarde (tarde-noche) → **am/im/zum Abend**

h. por la noche → **durch die/an der/in der Nacht**

i. ¿A qué hora? → **Um welche Uhr?/Um wie viel Uhr?/An wie viel Uhr?**

Ayer por la mañana, mañana por la tarde...

Se utilizan los términos **gestern**, **heute**, **morgen**... + **Morgen**, **Vormittag**, **Mittag**... La construcción es similar al español ➜ **gestern Abend** *ayer por la tarde*, **morgen Mittag** *mañana a mediodía* salvo en el caso de **heute** que, en español, se traduce por *esta* ➜ **heute Nacht** *esta noche*. Por otro lado, *mañana por la mañana* no se dice ~~**morgen Morgen**~~ sino **morgen früh**.

13 Traduce.

a. esta tarde ➜ ....

b. mañana por la tarde (pronto) ➜ ....

c. ayer por la mañana ➜ ....

d. esta tarde (pronto) ➜ ....

14 Crucigrama: encuentra la traducción de las siguientes palabras.

↓ **Vertical**

2J tiempo
6C despertar
6J sueño
9C sonar
11A reloj
11E minuto
14A despertarse
(verbo construido sobre la raíz de despertador)

➜ **Horizontal**

1L dormirse
(vverbo construido sobre la raíz de dormir)
4E despertado
6C despertar
6J hora *(60 minutos)*
8H segundo

	1	2	3	4	5	6	7	8	9	10	11	12	13	14
A														A
B														
C						W			K					
D														W
E					**A**									A
F														
G									G					
H														
I														
J						S								
K														
L	E		N											
M														
N														
O						F								

Bravo, ¡has llegado al final del capítulo 4! Ahora debes contabilizar los iconos y trasladar el resultado a la página 128 para la evaluación final.

Futuro

Conjugación y uso del futuro

- El futuro simple (llamado futuro I en alemán) es un tiempo compuesto que se construye con el auxiliar **werden** en **presente + verbo en infinitivo** y se coloca al final de la frase. Se utiliza para expresar una acción/situación que está por suceder o una suposición a propósito de una acción/situación que está por suceder: **Wir werden einen Ausflug machen. / Es wird wohl regnen.**
- No obstante, la mayor parte de las veces, los alemanes, al igual que en español, utilizan el presente para referirse al futuro. La marca del futuro se indica entonces frecuentemente (pero no siempre) con la ayuda de un adverbio temporal o un complemento circunstancial de tiempo: **Am Sonntag machen wir einen Ausflug.** *El domingo haremos (hacemos) una excursión.* / **Das mache ich.** *Yo lo haré (hago).*
- También existe un futuro perfecto (llamado futuro II en alemán), pero se utiliza muy poco.
- Además de su función como auxiliar, **werden** también se puede emplear como verbo con significado propio. Se traduce entonces como *volverse, comenzar a ser/a hacer, ser* en futuro (o una formulación equivalente). Va seguido generalmente de un adjetivo y, a veces, de un sustantivo: **Er wird groß.** *Se hará grande / Crecerá.*

1 Conjuga en futuro simple.

a. nach Berlin fliegen *(2.ª persona del singular)* → ....

b. dir helfen *(1.ª persona del plural)* → ....

c. anrufen *(3.ª persona del singular)* → ....

d. einen Brief bekommen *(tratamiento de usted)* → ....

2 Transforma las frases como en el ejemplo.

Ejemplo: Wir werden einen Ausflug machen. → Morgen machen wir einen Ausflug.

a. Sie wird dir eine Mail schreiben. → Morgen ....

b. Das werden sie machen. → Am Dienstag ....

c. Es wird schneien. → Am Wochenende ....

3 **Completa las frases con las siguientes palabras:**

Elektriker dunkel **Zeit** SPÄT **gelb** **hell**

a. Im Sommer wird es um 6Uhr .... und um 22 Uhr ....

b. Mein Sohn macht eine Lehre *(Formación Profesional)*, er wird ....

c. Wir müssen nach Hause. Es wird ....

d. Seit sechs Monaten macht er nichts. Es wird .... , dass er Arbeit sucht.

e. Im Herbst werden die Blätter ....

Traducir *antes (de)* y *después (de)*

En alemán, se traducen de manera diferente según la función gramatical.

- **vor** *(antes)* y **nach** *(después)* **+ dativo** son las preposiciones.
  → Kommst du vor oder nach der Schule?
- **davor** *(antes)* y **danach** *(después)* son los adverbios (también existen otros adverbios sinónimos).
  → Die Schule beginnt um 9 Uhr. Kommst du davor oder danach?
- **bevor** *(antes de)* y **nachdem** *(después de)* son las conjunciones de subordinación. Atención: **bevor** y **nachdem** se deben utilizar con un verbo conjugado, ¡nunca con un infinitivo!
  → Ich komme, bevor ich in die Schule gehe. ~~**Ich komme bevor in die Schule zu gehen.**~~

Observa la concordancia de los tiempos en una frase construida con **nachdem:**

→ Ich komme, nachdem ich die Kinder in die Schule gebracht habe.
(komme: presente; gebracht habe: perfecto)

→ Ich kam, nachdem ich die Kinder in die Schule gebracht hatte.
(kam: pretérito; gebracht hatte: pluscuamperfecto)

*El pluscuamperfecto sigue las reglas del perfecto, excepto en el auxiliar, que se conjuga en pretérito.

4 Algunas de estas frases contienen errores. Descúbrelos y corrígelos.

a. **Bevor** dem Essen gehe ich ins Schwimmbad.

➜ ....

b. Ich komme, **nachdem** ich die Einkäufe gemacht habe.

➜ ....

c. Wenn der Film bis 22Uhr dauert, gehe ich lieber **vor** etwas essen.

➜ ....

d. Essen wir **vor** oder **nachdem** dem Film?

➜ ....

5 Conjuga los verbos entre paréntesis.

a. Ich rufe dich an, nachdem ich alles .... **(machen)**.

b. Nachdem er lange in Chile .... **(leben)**, kam er zurück.

c. Er .... **(gehen)** nach Deutschland, nachdem er seine Arbeit verloren hatte.

d. Ich .... **(putzen)** die Küche, nachdem du den Kuchen gebacken hast.

Vocabulario del trabajo

Los nombres de las profesiones hay que aprendérselos de memoria. Para formar el femenino, por lo general es suficiente con añadir el sufijo **-in** y, a veces, diéresis sobre **a**, **o**, **u**: **der Lehrer ➜ die Lehrerin**, **der Arzt ➜ die Ärztin**. Pero como toda regla tiene sus excepciones, algunos nombres no siguen esta norma: **der Friseur ➜ die Friseuse.** Y, al igual que en español, algunas profesiones solo existen en masculino o en femenino.

6 Busca la traducción alemana de estas profesiones: ***policía, enfermero, médico, abogado, peluquero, jardinero, bombero, actor, técnico de mantenimiento, informático, mecánico, asegurador.***

a. Handwerker ➜ ....

b. Polizist ➜ ....

c. Rechtsanwalt ➜ ....

d. Informatiker ➜ ....

e. Feuerwehrmann ➜ ....

f. Gärtner ➜ ....

g. Schauspieler ➜ ....

h. Mechaniker ➜ ....

i. Arzt ➜ ....

j. Krankenpfleger ➜ ....

k. Friseur ➜ ....

l. Versicherer ➜ ....

7 **Forma profesiones (en femenino) a partir de los verbos.**
Ejemplo: fischen ➜ die Fischerin

a. kochen ➜ ....

b. singen ➜ ....

c. musizieren ➜ ....

d. backen ➜ ....

e. verkaufen ➜ ....

f. tanzen ➜ ....

g. lehren ➜ ....

h. putzen ➜ ....

8 **Indica las profesiones que se ejercen en los siguientes lugares (consulta los ejercicios 6 y 7). Puede haber 2 profesiones por lugar.**

a. Krankenhaus ➜ ....

b. Schule ➜ ....

c. Orchester ➜ ....

d. Restaurant ➜ ....

e. Werkstatt ➜ ....

f. Kanzlei ➜ ....

g. Praxis ➜ ....

h. Geschäft ➜ ....

i. Bäckerei ➜ ....

j. Meer ➜ ....

Mañana o la mañana

Como en español, estas dos palabras son homónimas en alemán: **morgen** significa *mañana* y **der Morgen** *la mañana*. Muchas expresiones idiomáticas alemanas utilizan estas dos palabras.

9 **Con las traduciones literales, busca expresiones españolas iguales o contrarias a las siguientes expresiones alemanas, o explica su significado.**

a. Morgen ist auch noch ein Tag. *(Mañana es todavía un día.)*

➜ ....

b. Morgen, morgen, nur nicht heute, sprechen immer faule Leute.
(Mañana, mañana, todo menos hoy, dice siempre la gente perezosa.)

➜ ....

c. Morgenstund hat Gold im Mund. *(La hora de la mañana tiene oro en la boca.)*

➜ ....

Bravo, ¡has llegado al final del capítulo 5! Ahora debes contabilizar los iconos y trasladar el resultado a la página 128 para la evaluación final.

Subjuntivo II

Conjugación y uso del subjuntivo

El subjuntivo II corresponde al condicional y, como en español, se compone de una conjugación en presente **(subjuntivo II hipotético)** y de otra en pasado **(subjuntivo II irreal)**. También existe un **subjuntivo II futuro**, que no se utiliza casi nada actualmente, así como un **subjuntivo I**, que se utiliza principalmente en el lenguaje escrito para expresar el estilo indirecto.

- **sujuntivo II hipotético**: hay dos formas de construirlo.

  – Forma compuesta: **auxiliar werden werden en subjuntivo II hipotético + infinitivo del verbo** colocado al final de la frase ➜ **Wir würden es anders machen.**

  – Forma simple: **raíz del verbo en pretérito + diéresis en la vocal a, o, u** (salvo en **wollen** y **sollen**) + **terminaciones** *(ver tabla de conjugación en las páginas 118-119).* Este método se utiliza raramente, pero es obligatorio para **sein**, **haben**, **werden, los 6 verbos modales** y **wissen**.

Infinitif	Radical prétérit	Inflexion ou non	
haben	**ich hatt**	**ich hätt + e**	**hätte**
wollen	**du wollt**	**du wollt + est**	**wolltest**

  Ten en cuenta que en la 2.ª persona del singular y del plural del verbo **sein**, la **e** se puede suprimir: **du wärst / ihr wärt** en lugar de **du wärest / ihr wäret** (más raro).

- **Subjuntivo II irreal: auxiliar haben o sein en subjuntivo II hipotético + participio pasado del verbo** colocado al final de la frase: **Ich hätte es gemacht. / Ich wäre mitgefahren.**

1 Conjuga los siguientes verbos en subjuntivo II hipotético según la forma compuesta.

a. schlafen – ich

➜ ....

b. lernen – er

➜ ....

c. gehen – ihr

➜ ....

d. anrufen – du

➜ ....

e. lesen – wir

➜ ....

f. warten – Sie

➜ ....

2 Conjuga los siguientes verbos en subjuntivo II hipotético según la forma simple.

a. wissen – wir
→ ....

b. können – du
→ ....

c. wollen – ihr
→ ....

d. sein – sie *(3.ª pers. pl.)*
→ ....

e. dürfen – du
→ ....

f. müssen – er
→ ....

g. wissen – ihr
→ ....

h. sein – ich
→ ....

i. haben – Sie
→ ....

3 Conjuga los siguientes verbos en subjuntivo II irreal.

a. kommen – ich
→ ....

b. bleiben – wir
→ ....

c. sagen – du
→ ....

d. fragen – ihr
→ ....

e. schreiben – er
→ ....

f. gehen – Sie
→ ....

Subordinada condicional introducida por wenn (si)

Se distinguen 3 casos:

- Si la condición es posible, la principal y la subordinada introducida por wenn están en presente:
  → **Wenn ich kann, komme ich mit euch.**
- Si la condición está puesta como una hipótesis todavía no realizada, la principal y la subordinada introducida por **wenn** están en subjuntivo II hipotético:
  → **Wenn ich könnte, würde ich mit euch kommen.**
  Traducción palabra por palabra: *Si yo podría, yo vendría con vosotros.*
- Si la condición está puesta como una hipótesis que no se ha realizado en el pasado, la principal y la subordinada introducida por **wenn** están en subjuntivo II irreal:
  → **Wenn ich gekonnt hätte, wäre ich mit euch gekommen**.
  Traducción palabra por palabra: *Si yo podido habría, sería yo con vosotros ido.*

(Para la sintaxis, ver el capítulo 13)

Y para terminar, una expresión que siempre puede servir: **Wenn das Wörtchen wenn nicht wäre...** *Si la palabrita «si» no existiera...*

4 **Conjuga los verbos de la subordinada condicional en el tiempo que convenga.**

a. Wenn ich Geld .... **(haben)**, würde ich eine Weltreise machen.

b. Wenn wir jünger .... **(sein)**, hätten wir es gemacht.

c. Wenn du Glück .... **(haben)**, kannst du einen Computer gewinnen.

d. Wenn es nicht .... **(regnen)**, wären wir ans Meer gefahren.

e. Ich würde dich heiraten, wenn ich .... **(können)**.

f. Ich wäre der glücklichste Mann der Welt, wenn du mich .... **(lieben)**.

5 **Relaciona las exclamaciones introducidas por *wenn* con su equivalente español.**

1. Wenn ich das gewusst hätte! •
2. Wenn ich nur mehr Geld hätte! •
3. Wenn Sie nichts dagegen haben! •
4. Wenn es möglich wäre! •
5. Wenn es so ist! •

• a. ¡Si fuera posible!
• b. ¡Si no le importa!
• c. ¡Si es así!
• d. ¡Si lo hubiera sabido!
• e. ¡Si tuviera más dinero!

wenn wenn wenn

ob OB ob

Traducir *si*

La confusión para los hispanohablantes entre **wenn** y **ob** se explica por el hecho de que estas dos conjunciones de subordinación se pueden traducir por *si*. Pero:

- **Wenn** expresa el *si* condicional.
- **Ob** marca la interrogación indirecta y generalmente va introducida por los verbos o complementos como **sich fragen**, **nicht sicher sein**, **nicht wissen**, **wissen** (en una interrogativa)**: Ich frage mich, ob er kommt.**

6 **¿*Wenn* o *ob*? ¡Hagan sus apuestas!**

a. Ich bin mir nicht sicher, ... er kommt.

b. .... du möchtest, können wir ihn einladen.

c. Wissen Sie, ... es noch weit ist?

d. Wir wären früher gefahren, ... ich das Auto gehabt hätte.

e. .... es morgen schön wird, das frage ich mich.

f. Frag doch, ... er mit dem Zug oder mit dem Auto kommt?

g. Ich weiß nicht, ... er zufrieden gewesen wäre, ... ich ihm dieses Buch geschenkt hätte.

Homónimos

Algunos nombres presentan la misma o casi la misma forma en singular, pero son de género diferente como **der See** *el lago* y **die See** *el mar*. La mayoría de ellos tienen plurales diferentes, salvo excepciones como **der See → die Seen / die See → die Seen**. En general, uno de los homónimos forma parte del vocabulario elemental y el otro es un poco más rebuscado o especializado. Aquí tienes algunos ejemplos.

7 **Asocia cada par de homónimos a su traducción.**

1. der Band/die Bände •	• **a**. el volumen (libro)
2. das Band/die Bänder •	• **b**. la cinta
3. der Kaffee/die Kaffeesorten •	• **c**. el café (bebida)
4. das Café/die Cafés •	• **d**. la cafetería
5. der Leiter/die Leiter •	• **e**. la escalera
6. die Leiter/die Leitern •	• **f**. el director
7. die Steuer/die Steuern •	• **g**. el impuesto
8. das Steuer/die Steuer •	• **h**. el volante
9. die Taube/die Tauben •	• **i**. el sordo
10. der Taube/die Tauben •	• **j**. la paloma
11. der Junge/die Jungen •	• **k**. el cachorro
12. das Junge/die Jungen •	• **l**. el chico
13. der Tor/die Toren •	• **m**. el portal
14. das Tor/die Tore •	• **n**. el necio

Vocabulario de la ropa

Si te apetece comprarte algo de ropa, debes saber que las tallas no son las mismas en España que Alemania o Austria. Una 38 allí corresponde a una 40 española y así sucesivamente. Y para asegurarte de que es la talla correcta, no dudes en preguntar dónde está **die Umkleidekabine**, *el probador.*

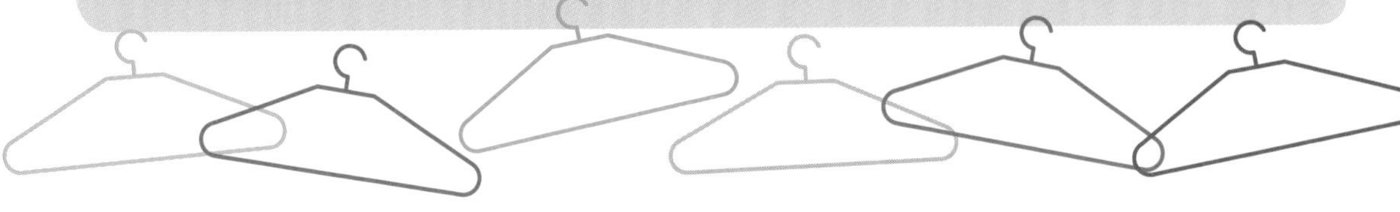

8 Completa tu armario utilizando solo las vocales.

a. **H _ S _** *(f) pantalón*

b. **H _ MD** *(n) camisa*

c. **R _ CK** *(m) falda*

d. **M _ NT _ L** *(m) abrigo*

e. **KL _ _ D** *(n) vestido*

f. **J _ CK _** *(f) chaqueta*

g. **P _ LL _** *(m) jersey*

h. **SCH _ H _** *(pl) zapatos*

i. **H _ T** *(m) sombrero*

j. **_ N T _ RH _ S _** *(f) calzoncillos*

k. **STR _ MPF _** *(pl) calcetines*

l. **STR _ MPFH _ S _** *(f) pantis*

9 Completa las frases con:

groß Größe Farbe passt lang anprobieren kurz KLEIN Paar

a. Welche .... haben Sie? *¿Qué talla tiene?*

b. In welcher .... ? *¿En qué color?*

c. Kann ich es bitte .... ? *¿Me lo puedo probar?*

d. Es ist zu .... und zu .... *Es muy pequeño y muy corto.*

e. Es ist zu .... und zu .... *Es muy grande y muy largo.*

f. Ich nehme dieses .... Schuhe.
Me llevo este par de zapatos.

g. Das .... mir. *Me vale.*

10 Crucigrama: encuentra la traducción de estos colores.

↓ Vertical
2A rosa
5C blanco
6G verde
7B naranja
9G azul
12F marrón

→ Horizontal
1A gris
2C negro
6G amarillo
9H violeta
12G rojo

	1	2	3	4	5	6	7	8	9	10	11	12	13	14
A														
B														
C														
D														
E														
F														
G														
H														
I														
J														

11 RRelaciona las dos mitades de los siguientes accesorios y después indica su traducción: *paraguas, gafas de sol, pañuelo, bolso, tirantes, cinturón, monedero.*

a. Hand •	• schirm →	....
b. Gür •	• träger →	....
c. Hosen •	• beutel →	....
d. Geld •	• tuch →	....
e. Taschen •	• tasche →	....
f. Regen •	• brille →	....
g. Sonnen •	• tel →	....

Bravo, ¡has llegado al final del capítulo 6! Ahora debes contabilizar los iconos y trasladar el resultado a la página 128 para la evaluación final.

7 Voz pasiva

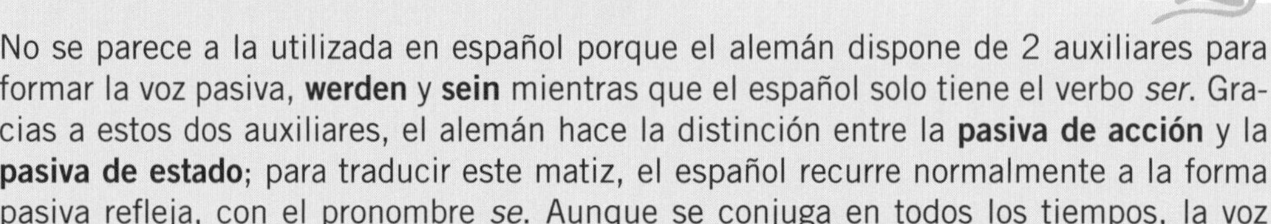

Uso y conjugación de la pasiva

No se parece a la utilizada en español porque el alemán dispone de 2 auxiliares para formar la voz pasiva, **werden** y **sein** mientras que el español solo tiene el verbo *ser*. Gracias a estos dos auxiliares, el alemán hace la distinción entre la **pasiva de acción** y la **pasiva de estado**; para traducir este matiz, el español recurre normalmente a la forma pasiva refleja, con el pronombre *se*. Aunque se conjuga en todos los tiempos, la voz pasiva se utiliza sobre todo en presente, pretérito y perfecto.

- La pasiva de acción expresa una acción en curso. Se construye con **werden + participio pasado del verbo** colocado al final de la frase y el complemento agente va precedido de **von**.
  - Presente: **Die Katze isst die Maus. ➜ Die Maus wird von der Katze gegessen.**
  - Presente: **Die Katze aß die Maus. ➜ Die Maus wurde von der Katze gegessen.**
  - Perfecto: **Die Katze hat die Maus gegessen. ➜ Die Maus ist von der Katze gegessen worden.**

Observa que en el perfecto, **werden** forma su participio sin **ge-**.

- La pasiva de estado indica una acción terminada y conseguida. Se construye con **sein + participio pasado del verbo** colocado al final de la frase y sin complemento agente. Se utiliza sobre todo en presente y pretérito. ➜ **Das Brot ist/war gebacken.** *El pan está/estaba hecho/cocido.*

La misma frase en pasiva de acción indica que el pan está o estaba haciéndose o cociéndose: **Das Brot wird/wurde gebacken.** *Se hace/hacía pan* o *El pan está/estaba cociéndose.*

El pronombre interrogativo **Von wem?** equivale a *¿Por quién?*

1 Transforma estas frases a la voz pasiva o a la voz activa.

a. Der Gärtner hat den Rasen gemäht.
➜ ....

b. Die Techniker kontrollieren oft die Ma-schinen.
➜ ....

c. Die Sekretärin schrieb den Brief.
➜ ....

d. Dieses Bild wurde 1906 von Picasso gemalt.
➜ ....

e. Von wem wurde die Zauberflöte komponiert?
➜ ....

f. Ich bin von einer Wespe gestochen worden.
➜ ....

g. Die Kinder packen die Geschenke ein.
➜ ....

h. Das Haus wurde von meinem Vater gebaut.
➜ ....

2 Completa las frases en pasiva de estado.

Ejemplo:Um fünf Uhr wird der Kuchen gebacken. → Um sieben Uhr ist der Kuchen gebacken.

a. Um 20 Uhr wird das Geschäft geschlossen.
→ Um 21 Uhr ....

b. Um 12 Uhr wird das Essen gekocht.
→ Um 13 Uhr ....

c. Am Morgen wurde alles vorbereitet.
→ Am Abend ....

d. Vor der Feier wurde das ganze Haus geputzt.
→ Für die Feier ....

La pasiva impersonal

Cuando la frase activa no tiene un sujeto concreto, la frase pasiva no tiene complemento agente. Se trata de la pasiva impersonal que traduce generalmente la voz activa con **man** *(se)*: **Man restauriert das Haus. → Das Haus wird restauriert.** Si la frase activa no tiene complemento directo, esta ausencia se palía con el pronombre **se** o (si lo hay) con un complemento de tiempo, de lugar…: **Man arbeitet viel. → Es wird viel gearbeitet.** / **Man arbeitet von 9-17 Uhr. → Von 9-17 Uhr wird gearbeitet.**

3 Escribe las frases en pasiva impersonal.

a. Man hat das Auto repariert.
→ ....

b. Man tanzt viel.
→ ....

c. Man renoviert die Fassade.
→ ....

d. Damals schrieb man Briefe.
→ ....

e. Im Sommer aß man später.
→ ....

f. Man hat mich zum Essen eingeladen.
→ ....

4 Señala la respuesta correcta.

a. Das Auto wurde von der Polizei wieder **empfunden** • **erfunden** • **gefunden**. *(encontrado)*

b. Wir wurden sehr nett **gefangen** • **empfangen** • **angefangen**. *(recibidos)*

c. Das Essen ist schon **aufgestellt** • **bestellt** • **ausgestellt**. *(perdida)*

d. Ich bin von der Polizei **angehalten** • **behalten** • **gehalten** worden. *(detenido)*

e. Der Kranke wurde gründlich **versucht** • **untersucht** • **gesucht**. *(examinado)*

f. Ich werde ständig **zerbrochen** • **gebrochen** • **unterbrochen**. *(interrumpido)*

Traducir *ver y mirar*

Ver y *mirar* se traducen por **sehen-sah-gesehen** (verbo irregular) y **schauen-schaute-geschaut** (verbo regular). A priori, no presenta ninguna dificultad, pero las cosas se pueden complicar cuando las preposiciones, los pronombres reflexivos o los prefijos entran en juego. Veamos paso a paso las diferentes construcciones posibles con los dos verbos.

- **gut**, **schlecht**... **sehen** significa *ver bien, mal...*: **Ich sehe schlecht.** *Veo mal.*
- **jn, etw. sehen** significa *ver a alguien, algo*: **Ich habe sie noch nie gesehen.** *No lo he visto nunca.* **/ Siehst du den Vogel fliegen?** *¿Ves volar al pájaro?*
- **schauen + grupo preposicional** significa *mirar (por, hacia...) alguien, algo*: **Warum schaust du ständig zum Fenster hinaus?** *¿Por qué miras sin parar por la ventana?*
- **jn, etw. ansehen/anschauen** significa *mirar a alguien, a algo*: **Er sah/schaute mich böse an.** *Me mira con malicia.*
- **sich etw. ansehen/anschauen** significa *mirar algo con atención/interés*, a veces *visitar algo*: **Hast du dir die Fotos angesehen/angeschaut?** *¿Has visto las fotos?*
- A tener en cuenta: *ver la tele* se dice **fernsehen (ich sehe fern, ...)**.

5 Señala en cada una de estas frases la o las respuesta(s) correcta(s).

a. Er hat mich lächelnd **gesehen** • **zugeschaut** • **angeschaut** • **angeseht**
Me ha mirado sonriente.

b. Er hat sich dein Bild lange **gesehen** • **angesehen** • **geschaut** • **angeschaut**
Ha mirado mucho tiempo tu cuadro.

c. Ich möchte mir die Kirche **ansehen** • **anschauen** • **zusehen** • **schauen**
Me gustaría visitar la iglesia.

d. Ohne Brille kann ich nichts **ansehen** • **sehen** • **anschauen**
Sin gafas, no veo nada.

e. Sie hat mehrmals auf die Uhr **gesehen** • **geschaut** • **angeschaut** • **geseht**
Ha mirado muchas veces el reloj. (palabra por palabra: *sobre su reloj*)

Vocabulario de la alimentación

Pequeños recordatorios: *el desayuno* se dice **das Frühstück**, *la comida* **das Mittagessen** y para *la cena* puedes elegir entre **das Abendessen** y **das Abendbrot**. Esta última significa literalmente *el pan de la tarde* y representa bien ciertas costumbres alimentarias de los países germánicos donde la comida de la noche se compone normalmente de pan acompañado de charcutería y queso. Por otro lado, este tentempié de la tarde se toma generalmente pronto, entre las 18 h y las 19 h.

6 Completa las frases con las siguientes palabras:

Gemüse | Nachspeise | Trinkgeld | Getränke | Kuchen | Fleisch | Obstsalat | Rechnung

a. Sie haben ein Menü mit einer Vorspeise, Hauptspeise und ....

b. Als Hauptspeise können Sie entweder Fisch oder .... nehmen, und als Beilage haben Sie die Wahl zwischen Kartoffeln, Reis oder ....

c. Dazu bestellen Sie auch ....: Wein, Bier oder Wasser.

d. Haben Sie sonst noch einen Wunsch? Ein Eis, ein Stück .... oder, wenn Sie auf Ihre Linie achten wollen, einen leichten ....

e. Zum Schluss fragen Sie nach einem Kaffee mit der .... Und normalerweise geben Sie der Bedienung auch ....

7 Relaciona cada palabra con su traducción.

1. Biergarten •	• **a**. fiesta de la cerveza
2. Bierkrug •	• **b**. cervecería (al aire libre)
3. Bierkeller •	• **c**. barril de cerveza
4. Bierfass •	• **d**. jarra de cerveza
5. Bierfest •	• **e**. cervecería (en una bodega)

8 Adivina las siguientes frutas y verduras.

Una verdura que comienza por:

→ **K de 9 letras** y que procede de América: ....

→ **K de 7 letras.** De color naranja y sus tres primeras letras son las mismas que las de la palabra anterior: ....

→ **S de 5 letras.** Se come normalmente con aceite y vinagre: ....

→ **B de 5 letras.** De color verde, blanco o rojo y se parece a la palabra «hueso» en inglés: ....

→ **G de 6 letras.** Palabra alemana para las verduras: ....

Una fruta que comienza por:

→ **A de 5 letras** por la cual nos expulsaron del paraíso: ....

→ **T de 6 letras.** De color rojo que se toma normalmente en ensalada: ....

→ **O de 6 letras.** Su nombre lleva su color: ....

→ **E de 9 letras en plural.** Fruta roja de verano cuyas 4 vocales son todas e: ....

→ **F de 7 letras en plural o bien O de 4 letras.** Las 2 palabras significan fruta en alemán: .... / ....

9 Completa las palabras con huecos en este diálogo.

– Ich würde gern einen _ _ **S** _ _ reservieren. Für heute Abend 4 _ _ _ **S** _ _ _ _.

– Ja gern. Für wie viel **U** _ _ ?

– 20 **U** _ _ auf den _ _ _ _ **N** von Robert Schmitt. Wäre es draußen auf der **T**_ **R** _ _ _ _ _ möglich ?

– Ich schaue mal, ob noch etwas **f** _ _ _ ist. (...) Nein, um die Uhrzeit sind wir leider schon **v** _ _ _. Aber ab 21 **U** _ _ wäre es möglich.

– Nein, danke. Dann nehmen wir lieber einen **T** _ _ _ _ **d** _ **i** _ _ _ _.

– In Ordnung. Wie war der **N** _ _ _ ?

– Robert Schmitt.

10 Crucigrama.

↓ Vertical
2F vaso
5C cuchara
9A servilleta

→ Horizontal
9A sal
2C plato
4F pimienta
1H tenedor
8I cuchillo

	1	2	3	4	5	6	7	8	9	10	11	12	13
A													
B													
C													
D													
E													
F													
G													
H													
I													

Expresar los sentimientos

Como en casi todos los idiomas, en alemán existen muchas frases para expresar los sentimientos: indiferencia, nerviosismo... Aquí tienes algunas que te podrán servir para decirle a tu interlocutor alemán lo que sientes.

11 Relaciona estas expresiones con su traducción.

1. Das regt mich auf. • • **a**. *Eso me tranquiliza.*
2. Das beruhigt mich. • • **b**. *Eso me da igual.*
3. Das ist mir egal. • • **c**. *Eso me vuelve loco.*
4. Das macht mich rasend/verrückt. • • **d**. *Eso me pone nervioso.*
5. Das macht mich krank. • • **e**. *Eso me asombra.*
6. Das haut mich um. • • **f**. *Eso me pone malo.*

Bravo, ¡has llegado al final del capítulo 7! Ahora debes contabilizar los iconos y trasladar el resultado a la página 128 para la evaluación final.

Nominativo

Uso y declinación del nominativo

Señala el sujeto o el atributo del sujeto y responde a la pregunta **wer** *(quién)* o **was** *(qué)*. Atención: al contrario que en singular, el plural es el mismo para todos los géneros y el artículo indefinido **ein**, **eine**, **ein** no tiene forma plural *(ver tabla de declinaciones en la página 120)*. Observa que, al contrario que el adjetivo epíteto, el adjetivo atributo no se conjuga: **Das Buch ist interessant. / Die Bücher sind interessant.**

- Wer **kommt aus Berlin? ➜** Der **neue Direktor/**die **neue Direktorin kommt aus Berlin.**
- Was **ist für die Kinder? ➜** Das **Buch ist für die Kinder.**
- Wer **sind diese Kinder? ➜ Sie sind** die **Söhne/**die **Töchter von Sabine.**

La regla sobre el género de los sustantivos es también compleja y conlleva numerosas excepciones. Sin embargo, he aquí varios puntos de referencia relativos al vocabulario habitual que te permitirán clasificar los nombres por género (observa que los sustantivos se escriben sistemáticamente con mayúscula):

- Son masculinos: los seres del sexo masculino excepto los diminutivos **(der Mann)**, la mayoría de los nombres de los días de la semana, momentos del día, estaciones y puntos cardinales **(der Morgen / der Juli / der Süden)**, la mayoría de los nombres de piedras y minerales **(der Diamant)**, los nombres de coches **(der Peugeot)**, la mayoría de los nombres derivados de la raíz verbal **(der Schlaf)** y muchos nombres terminados en **-er**, **-ler**, **-ismus**, **-or**, **-ig** y **-ling (der Motor)**.
- Son femeninos: los seres del sexo femenino excepto los diminutivos **(die Frau)**,), la mayoría de los nombres de árboles, flores y frutas **(die Eiche / die Tulpe)**, los números **(die Vier)** así como los nombres terminados en **-ei, -in, -ion, -heit, -keit, -ung, -ur, -schaft (die Freiheit / die Freundschaft)**.
- Son neutros: todos los seres jóvenes **(das Kind)**,), la mayoría de los nombres de metales **(das Silber)**, las letras **(das A)**, los colores **(das Rot)**, los idiomas **(das Spanisch)**, los verbos sustantivados **(das Essen)**, los colectivos que llevan el prefijo **Ge- (das Gebirge)**, los diminutivos en **-chen** y **-lein (das Fräulein)** y muchos de los nombres terminados en **-um, -ium** y **-ment (das Datum)**.

1 Completa las desinencias.

a. Dies...... klein...... Junge möchte dich etwas fragen.

b. Das ist ein....... schön...... Instrument.

c. Dies..... alt..... Dame ist 98 Jahre alt.

d. Weiß........ Schuhe passen besser zu deinem Kleid.

e. Dies....... jung....... Mann wartet schon seit einer Stunde.

2 **Identifica el nominativo, después haz las preguntas correspondientes con *wer* o *was*.**

Ejemplo: Die Kinder sind angekommen. → die Kinder → Wer ist angekommen?

a. Das Paket ist für Paul. → .... → ....

b. Paul sucht den Hausschlüssel. → .... → ....

c. Hier liegt der Ausweis. → .... → ....

d. Sie ist die neue Deutschlehrerin. → .... → ....

.... / ....

3 **Indica el género de los sustantivos.**

a. .... Mutter

b. .... Freundin

c. .... Leben

d. .... Zeitung

e. .... Gold

f. .... Mittwoch

g. .... Gemüse

h. .... Rose

i. .... Schmetterling

j. .... Morgen

k. .... Baby

l. .... Birne

m. .... Zwanzig

n. .... M

o. .... Arabisch

p. .... Grün

4 **Encuentra el sexo opuesto.**
Ejemplo: der Mann → die Frau

a. der Lehrer → ....

b. die Freundin → ....

c. der Junge → ....

d. der Vater → ....

e. die Verkäuferin → ....

f. die Ärztin → ....

g. der Bauer → ....

h. der Bruder → ....

Plural de los sustantivos

Aquí también, las excepciones te darán la lata pero, en general, el plural se forma como sigue:

- Ninguna terminación o simplemente una diéresis sobre **a**, **o**, **u** para la mayoría de los masculinos y neutros terminados en **-er**, **-en**, **-el**, **-chen** y **-lein**: **der Vater/die Väter**; **das Messer/die Messer.** Esta regla sirve también para dos femeninos: **die Mutter/die Mütter** et **die Tochter/die Töchter.**
- **-e** y a veces una diéresis sobre **a**, **o**, **u** para numerosos masculinos, algunos neutros y monosílabos femeninos: **der Monat/die Monate, die Bank/ die Bänke.**
- **-er** y a veces una diéresis sobre **a**, **o**, **u** para numerosos neutros y algunos masculinos: **das Kind/die Kinder, der Wald/die Wälder.**
- **-n** y **-en** para numerosos femeninos y algunos neutros: **die Tafel/die Tafeln, das Auge/die Augen.**
- **-nen** para los femeninos terminados en **-in**: **die Lehrerin/die Lehrerinnen**.
- **-se** para los neutros y femeninos terminados en **-nis**: **das Geheimnis/die Geheimnisse.**
- **-s** para los nombres terminados en **-a**, **-i**, **-o** y muchos nombres extranjeros: **das Auto/die Autos.**

Atención, algunos nombres presentan particularidades en la formación de su plural. Son homónimos y del mismo género en singular, pero sus plurales son distintos: **der Strauß/die Sträuße** *el ramo* y **der Strauß/die Strauße** *el avestruz.*

5 Indica el plural de las siguientes palabras.

a. der Wagen

→ ....

b. die Blume

→ ....

c. die Sängerin

→ ....

d. das Foto

→ ....

e. der Stuhl

→ ....

f. der Vogel

→ ....

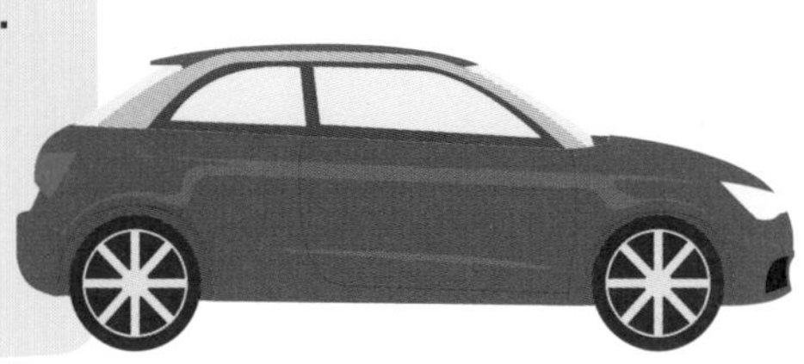

6 Indica el singular de las siguientes palabras.

a. die Bücher → das ....

b. die Früchte → die ....

c. die Tische → der ....

d. die Götter → der ....

e. die Hefte → das ....

f. die Büros → das ....

7 **Relaciona los nombres con su traducción. Hazlo por deducción, ya que uno de los dos términos (y a veces los dos) aparecen en el vocabulario habitual.**

1. die Bank/die Bänke • • a. la banca
2. die Bank/die Banken • • b. el banco

3. der Mann/die Männer • • c. el vasallo
4. der Mann/die Mannen • • d. el hombre

5. der Rat/die Räte • • e. el consejero
6. der Rat/die Ratschläge • • f. el consejo

7. der Stock/die Stockwerke • • g. el bastón
8. der Stock/die Stöcke • • h. el piso

Los nombres compuestos

Representan una de las particularidades del alemán y generalmente son muy largas. Algunas, como los números, alcanzan la sesentena de letras o más; el record registrado hasta hoy lo ostenta un juego de palabras de 90 letras. Estas palabras pueden estar compuestas de **sustantivos** o bien de una mezcla de **verbo + sustantivo** o **adjetivo + sustantivo**. El género lo proporciona el último término, llamado «determinado»: **der Grundschullehrer, der Lehrer.**

8 **Indica el último término (o determinado) y su género.**

a. Großonkel ➜ ....
b. Kindermädchen ➜ ....
c. Deutschübung ➜ ....
d. Abendessen ➜ ....
e. Musikinstrument ➜ ....
f. Blumenstrauß ➜ ....
g. Wochentag ➜ ....
h. Haupteingang ➜ ....

9 **Construye palabras compuestas añadiendo los siguientes determinados a las palabras propuestas.**

-schirm -hose -brand -kreme -tuch -stich -urlaub -anzug -nacht -kleid -meister -sprossen

a. der Bade ....
b. der Bade ....
c. die Bade ....
d. das Bade ....
e. der Sommer ....
f. die Sommer ....
g. die Sommer .... *(peca)*
h. das Sommer ....
i. der Sonnen .... *(insolación)*
j. der Sonnen ....
k. die Sonnen ....
l. der Sonnen ....

Vocabulario sobre la casa

Das Haus significa *la vivienda*. Normalmente se especifica: **Einfamilienhaus** *vivienda unifamiliar*, **Doppelhaus** *vivienda pareada* o bien **Reihenhaus** *viviendas adosadas*.

10 Subraya el determinado y relaciona cada nombre con su traducción. Atención a la(s) palabra(s) no compuesta(s).

1. die Eingangstür •	• a. La habitación de los niños
2. die Küche •	• b. el cuerto de baño
3. das Schlafzimmer •	• c. el salón
4. das Badezimmer •	• d. la puerta de entrada
5. das Wohnzimmer •	• e. el comedor
6. das Esszimmer •	• f. el dormitorio
7. der Briefkasten •	• g. el buzón
8. das Kinderzimmer •	• h. la cocina

11 Completa los nombres compuestos con uno de los siguientes determinados y traduce. Atención a los intrusos no compuestos.

a. der Ess ....

b. der Schreib ....

c. das Kinder ....

d. der Kleider ....

e. der Stuhl ....

f. die Couch ....

g. der Sessel ....

h. die Spül ....

i. die Wasch ....

j. der Kühl ....

k. das Bett ....

l. das Bücher ....

12 Completa las letras que faltan.

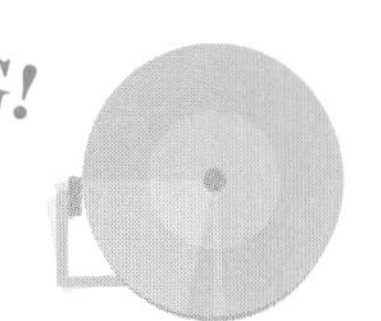

a. Es hat **gek _ _ ng _ lt**. *Han llamado.*

b. Jemand hat an die Tür **gek_ _ ng _ lt**. *Alguien ha llamado a la puerta.*

c. Kannst du bitte die Tür **a _ f _ ac _ _ n**? *¿Puedes abrir la puerta, por favor?*

DRING!

d. Komm bitte **h _ _ e _ n**! *¡Entra, por favor!*

e. Nimm bitte **P _ _ _ z**! *¡Siéntate, por favor!*

f. Darf ich dir etwas zum Trinken **a _ b _ _ t _ n**? *¿Puedo ofrecerte algo de beber?*

g. Danke für deinen **_ es _ _ h**. *Gracias por tu visita.*

13 Encuentra la traducción de las siguientes palabras.

bañera lavabo
espejo ducha
aseo
(2 palabras, una de ellas coloquial)

W	N	M	K	O	U	J	I	S
A	S	K	M	C	A	V	K	P
S	X	L	L	T	S	X	O	I
C	T	O	I	L	E	T	T	E
H	C	R	K	L	H	W	N	G
B	A	D	E	W	A	N	N	E
E	Z	U	D	F	E	E	B	L
C	L	S	S	X	C	X	A	P
K	L	C	A	F	K	D	A	M
E	H	H	Y	O	E	F	E	J
N	N	E	I	U	N	O	D	B
R	D	V	P	G	R	U	C	V

14 Encuentra la traducción de las siguientes palabras en la sucesión de letras.

número de la casa
llave de la casa
número de teléfono
dirección (2 sinónimos)
código postal
vigilante

H A U S N U M M E R P O S T
L E I T Z A H L H A U S M E I S
T E R A D R E S S E T E L E F
O N N U M M E R H A U S S C H
L Ü S S E L A N S C H R I F T

Bravo, ¡has llegado al final del capítulo 8! Ahora debes contabilizar los iconos y trasladar el resultado a la página 128 para la evaluación final.

Acusativo

Uso y declinación del acusativo

El acusativo responde a la preguna **wen** *(quién)* o **was** *(qué)* y se utiliza:

- Para señalar un complemento directo, como **jemanden/etwas sehen** *(ver alguien / algo).*

Observa que solo cambia el masculino; el femenino, el neutro y el plural tienen la misma declinación que el nominativo.

– Wen **hast du gesehen?**
➜ Ich habe den **Sohn/**die **Tochter von Paul gesehen.**

– Was **hast du gesehen?**
➜ Ich habe einen **französischen Film/**ein **schönes Theaterstück gesehen.**

Atención; en alemán, algunos verbos van con acusativo mientras que en español se construyen con un CI, como **jemanden fragen** *pedir a alguien*, **jemanden/etwas brauchen** *necesitar a alguien / algo.* Observa igualmente **jemanden etwas kosten** *costar algo a alguien* y **jemanden etwas lehren** *enseñar algo a alguien* los cuales llevan un doble acusativo: **Ich habe sie gefragt.** *Se lo he preguntado.* **/ Es kostet sie eine Million.** *Le ha costado un millón.*

- Después de ciertas preposiciones como: **durch** *(a través de / por)*; **für** *(por / para)*; **gegen** *(contra)*; **ohne** *(sin)*; **um** *(alrededor de)*: **Wir fahren ohne dich**.

Observa las posibles contracciones con **das**: **durch das ➜ durchs; für das ➜ fürs; um das ➜ ums.**

- Después de los complementos de tiempo construidos con **letzt-** *(último)*, **dies-** *(este)*, **nächst-** *(junto a),* **artículo + ganz-** *(todo / uno)*: **Wir waren letzten Dienstag/den ganzen Tag bei ihm.**
- Después de la expresión **es gibt** *(hay)*: **Wo gibt es hier einen Supermarkt?**

1 Sustituye el artículo definido por el adjetivo demostrativo *dies-*.

a. den jungen Schauspieler ➜ ....

b. das neue Theaterstück ➜ ....

c. die russische Tänzerin ➜ ....

d. die französischen Filme ➜ ....

2 **Completa las frases con los siguientes grupos nominales modificando las desinencias si es necesario.**

die neue Schulreform
der Briefträger
ein kleiner Test
ein kleines Hotel
frische Brötchen
kein schöner Film

a. Kannst du bitte .... beim Bäcker kaufen?

b. Viele Lehrer sind gegen ....

c. Heute haben wir .... geschrieben.

d. Geh nicht ins Kino! Das ist ....

e. Es gibt .... im Zentrum.

f. Hier kommt .... mit deinem Päckchen.

3 **Completa con los pronombres personales.**
Ejemplo: Das Buch ist gut. Kauf *es*.

a. Hier sind die Papiere. Bitte, nimm .... !

b. Hast du den Wagen zur Reparatur gebracht? – Ja, ich habe .... gestern gebracht.

c. Habt ihr morgen Zeit? Wir möchten .... zum Essen einladen.

d. Du sprichst zu schnell. Ich verstehe .... nicht.

Pronombres indefinidos

Los pronombres indefinidos **einer, eine, ein(e)s** *(un/una)* y **keiner, keine, kein(e)s, keine** *(ningún/ninguna* o *nada)* se declinan como **der, die, das**; no se utilizan a penas en genitivo y el pronombre indefinido **einer...** no tiene plural *(ver tabla en la página 121)*.

Haben Sie Kinder? – Ja, ich habe ein(e)s (= ein Kind). / Nein, ich habe keine (= keine Kinder).

Ich möchte einen Apfel? – Ich möchte auch einen (= einen Apfel). / Ich möchte keinen (= keinen Apfel).

4 **Completa las frases con el nominativo o el acusativo del pronombre indefinido adecuado.**

a. Hast du eine Idee? – Nein, ich habe ....

b. Er hat ein Auto. – Ich habe auch ....

c. Ist das ein Porsche! – Nein, das ist ....

d. Gibt es im Hotel ein Schwimmbad? – Ja, es gibt ....

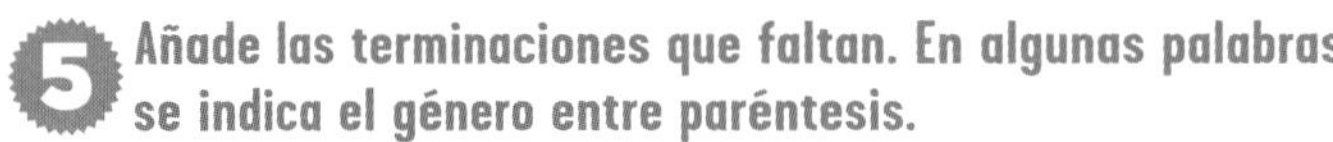

5 Añade las terminaciones que faltan. En algunas palabras se indica el género entre paréntesis.

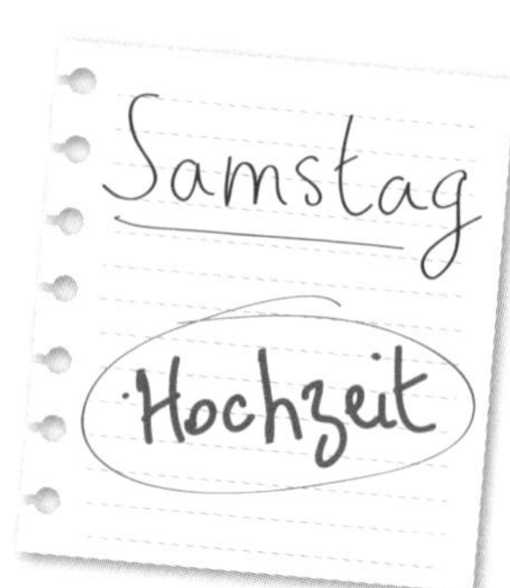

a. Meine Schwester heiratet dies............. Samstag.

b. Er war d............. ganz............. Woche **(F)** verreist.

c. Nächst............. Monat **(M)** wird es besser.

d. Er war ein............. ganz............. Jahr **(N)** weg.

e. Letzt............. Mal **(N)** konnte ich nicht kommen.

Traducir *mucho* y *muy*

La traducción de estos dos adverbios puede llevar a confusión ya que *mucho* se dice en algunos casos **viel** y en otros **sehr**; *muy*, por el contrario, equivale siempre a **sehr.** ¡Veamos cómo se utilizan!

- **viel(-)** con un sustantivo significa *mucho.* En general es invariable en singular, mientras que en plural se declina como un adjetivo epíteto (tipo II): **Er hat viel Arbeit.** *Tiene mucho trabajo.* **/ Er hat viele Freunde.** *Tiene muchos amigos.*
- **viel** con un verbo significa *mucho* y expresa una idea de cantidad: **Er isst viel**. *Él come mucho.*

Observa que **viel** puede, en los dos casos, construirse con **sehr** y se traduce en ese caso por *muchísimo*: **Er hat sehr viel Arbeit./ Er isst sehr viel.**

- **sehr** con un verbo significa igualmente *mucho*, pero expresa una idea de intensidad: **Es ärgert mich sehr, dass er nicht kommen kann**. *Me molesta mucho que él no pueda venir.*
- **sehr** con un adjetivo o un adverbio significa *mucho*: **Es ist sehr warm.** *Hace mucho calor.*

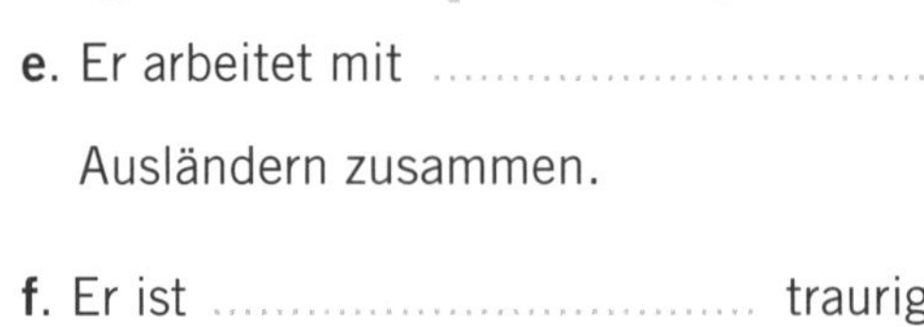

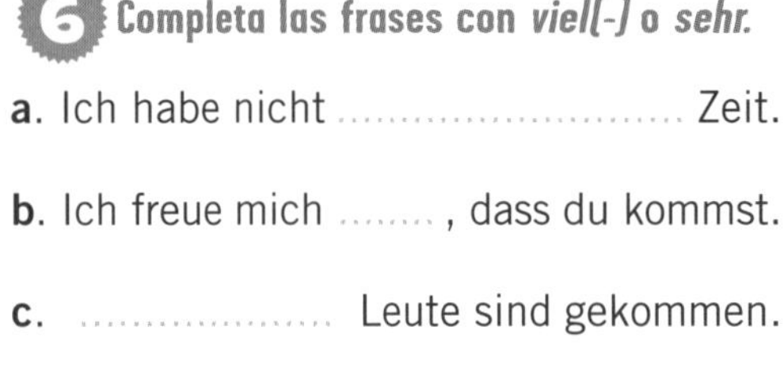

6 Completa las frases con *viel(-)* o *sehr.*

a. Ich habe nicht .... Zeit.

b. Ich freue mich ...., dass du kommst.

c. .... Leute sind gekommen.

d. Er schläft ....

e. Er arbeitet mit .... Ausländern zusammen.

f. Er ist .... traurig.

g. Er schläft .... lange.

7 Traduce las siguientes frases.

a. Tú bebes mucho. ➜ ....

b. Él bebe mucha agua. ➜ ....

c. Hay mucha gente. ➜ ....

d. Él te quiere mucho. ➜ ....

e. Es muy bonito. ➜ ....

f. Ella tiene demasiado dinero. ➜ ....

8 Traduce estas expresiones.

a. Viel Spaß! ➜ ....

b. Viel Erfolg! ➜ ....

c. Viel Glück! ➜ ....

d. Viel Vergnügen! ➜ ....

e. Vielen Dank! ➜ ....

f. Sehr gern! ➜ ....

g. Sehr geehrter Herr... ➜ ....

VIEL ERFOLG

9 Relaciona cada frase con su traducción.

1. Es ärgert mich sehr. •

2. Es wundert mich sehr. •

3. Es freut mich sehr. •

4. Es tut mir sehr weh. •

5. Es belastet mich sehr. •

6. Es hilft mir sehr. •

• **a**. Esto me hace mucho daño.

• **b**. Esto me pesa mucho. *(moralmente)*

• **c**. Esto me molesta mucho.

• **d**. Esto me ayuda mucho.

• **e**. Esto me sorprende mucho.

• **f**. Esto me alegra mucho.

Vocabulario sobre las medidas

der (Kilo)Meter	(K)m
das (Kilo)Gramm (n)	(K)g
das Pfund	500 Gr.
Stundenkilometer	Km/h

alt	*antiguo*
groß	*grande*
weit	*lejos*
tief	*profundo*
breit	*ancho*

wert	*valor*
hoch	*alto*
schnell	*rápido*
schwer	*pesado*
lang	*largo*

La edad, el tamaño, la profundidad... generalmente se indican con el **adjetivo de medida** precedido de **sein + la unidad de medida** e implican un acusativo: **Das Becken ist einen Meter tief.** *La piscina tiene un metro de profundidad.* La pregunta se construye con **wie + adjetivo de medida + sein**: **Wie tief ist das Becken?** *¿Qué profundidad tiene la piscina?* En algunos casos, se puede utilizar solo el número si el complemento de medida es evidente: **Wie groß bist du? – Ich bin eins siebzig. / Wie alt bist du? – Ich bin zwanzig.** Observa que para el peso se utiliza normalmente el verbo **wiegen** *pesar*: **Wie viel wiegst du?**

10 Completa las frases con un adjetivo de medida.

a. Das Baby ist erst einen Monat ....

b. Der Tisch ist einen Meter achtzig .... und achtzig cm ....

c. Es ist ein Kilo ....

d. Der Eiffelturm ist dreihundertvierundzwanzig Meter ....

e. Das Dorf ist nur einen Kilometer .... von hier.

11 Completa las preguntas con un adjetivo de medida.

a. ¿Cómo es de ancho...? → Wie ....?

b. ¿Cómo es de largo...? → Wie ....?

c. ¿Cuántos años...? → Wie ....?

d. ¿Cómo es de rápido...? → Wie ....?

e. ¿Cuánto pesa...? → Wie ....?

f. ¿Cuánto mide...? → Wie ....?

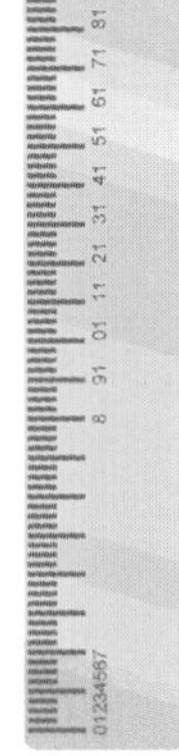

12 **Coloca en orden las mayúsculas para encontrar la traducción de las siguientes palabras.**

a. el peso → **E/W/H/T/I/G/C** → das ....

b. la edad → **R/L/T/E/A** → das ....

c. la velocidad → **K/T/I/E/E/G/G/I/D/H/C/S/N/I/W** → die ....

d. la altura → **Ö/H/H/E** → die ....

e. la longitud → **Ä/N/G/L/E** → die ....

13 **Crucigrama: encuentra la traducción de estos pronombres interrogativos. Para los de dos palabras, deja una casilla vacía en medio.**

↓ Vertical
3K *cuánto* (2 palabras)
4G *quién* en nominativo
5C pronombre interrogativo más o menos sinónimo de **warum**
6I *quién* en acusativo
8E pronombre interrogativo más o menos sinónimo de **wieso**
10C *qué*
13A *dónde* (dirección)

→ Horizontal
4D *cómo*
8E *de quién*
4G *de dónde*
6I *a quién*
3K *cuándo*
1M *cuánto tiempo* (2 palabras)
2P *cuántas veces* (2 palabras)

	1	2	3	4	5	6	7	8	9	10	11	12	13
A													
B													
C													
D													
E													
F													
G													
H													
I													
J													
K													
L													
M													
N													
O													
P													
Q													
R													

Bravo, ¡has llegado al final del capítulo 9! Ahora debes contabilizar los iconos y trasladar el resultado a la página 128 para la evaluación final.

10 Dativo

Uso y declinación del dativo

El dativo responde a la pregunta **wem** *(a quién)* y se utiliza:

- Para señalar un complemento indirecto como **jemandem schreiben** *(escribir a alguien)*: **Wem hast du geschrieben? ➜ Dem Sohn von Paul und der Tochter von Peter.**

Atención: algunos verbos se construyen en alemán con el dativo mientras que en español implican un CD, como **jemandem danken** *(agradecer a alguien)*, **jemandem folgen** *(seguir a alguien)*, **jemandem gratulieren** *(felicitar a alguien)*, **jemandem helfen** *(ayudar a alguien)*, **jemandem widersprechen** *(contradecir a alguien)*, **jemandem zuhören** *(escuchar a alguien)* o **jemandem zuschauen** *(mirar a alguien)*.

- Detrás de las preposiciones: **aus** *(de, fuera de)*, **bei** *(cerca de* – lugar), **mit** *(con)*, **nach** (*después de* – temporal), **seit** *(desde)*, **von** *(de)*, **zu** (*a* – direccional, *para*): **Ich gehe zum Arzt. / Ich bin beim Arzt.**

Observa las posibles contracciones con **dem** y **der**: **bei dem ➜ beim**, **in dem ➜ im**, **von dem ➜ vom**, **zu dem ➜ zum** y **zu der ➜ zur**.

Te habrás dado cuenta de que los sustantivos toman sistemáticamente una **n** final en dativo plural (excepto aquellos cuya marca plural ya termina en **n**).

1 Añade las desinencias que convengan (en algunas palabras, se indica el género entre paréntesis).

a. Sie kommt aus ein............. klein............. Stadt **(F)**.

b. Hast du d............. Kinder............. **(Pl.)** die neue Kamera gezeigt.

c. Hast du d............. Bruder von Sabine geschrieben.

d. Die Tasche gehört dies............. Dame da.

e. Ich habe ein............. alt............. Mann geholfen, den Koffer zu tragen.

f. Hör dies............. Mann zu.

g. Er ist seit ein............. Monat **(M)** krank.

2 Pon en dativo el pronombre personal que está entre paréntesis.

a. Sag .... **(ich)** bitte, wann du kommst.

b. Gib .... **(sie,** *féminin singulier*) alles.

c. Ich schicke .... **(Sie)** alles per Mail.

d. Ich gratuliere .... **(du)** zum Geburtstag.

e. Kannst du .... **(wir)** bitte helfen?

3 Sustituye el artículo definido por el artículo indefinido *ein*.

a. der einzigen Schülerin ➜ ....

b. den kleinen Kindern ➜ ....

c. dem armen Mann ➜ ....

d. der alten Dame ➜ ....

4 Relaciona cada frase con su traducción.

1. Ich befehle es dir. •	• **a**. Te lo prohíbo.
2. Ich biete es dir an. •	• **b**. Te lo presto.
3. Ich empfehle es dir. •	• **c**. Te lo ordeno.
4. Ich leihe es dir. •	• **d**. Te lo juro.
5. Ich verbiete es dir. •	• **e**. Te lo recomiendo.
6. Ich schwöre es dir. •	• **f**. Te lo ofrezco.

Sintaxis

El orden de los complementos acusativo y dativo varía según se trate de pronombres personales o de sustantivos:

- un substantivo dativo precede a un substantivo acusativo: **Ich diktiere der Sekretärin den Brief.**
- un pronombre personal acusativo precede a un pronombre personal dativo: **Ich diktiere ihn ihr.**
- un pronombre personal precede a un sustantivo independientemente del caso: **Ich diktiere ihr den Brief. / Ich diktiere ihn der Sekretärin.**

5 Completa las frases con los complementos.

a. Ich habe .... geschickt. **(euch/ein Päckchen)**

b. Ich schenke .... **(dir/die Uhr)**

c. Ich habe .... gesagt. **(es/ihr)**

d. Ich habe .... gegeben. **(das Geld/deinem Bruder)**

6 Escribe las mismas frases cambiando los complementos subrayados por un pronombre personal.

a. Ich habe <u>Ana</u> eine Mail geschrieben. ➜ ....

b. Ich habe Paul <u>die Mail</u> geschrieben. ➜ ....

c. Wir schenken <u>meinen Eltern</u> <u>das Buch</u>. ➜ ....

Traducir *poco, demasiado* y *demasiado poco*

- **wenig(-)** con un sustantivo significa *poco*. En general es invariable en singular y puede concordar o no en plural: **Er hat wenig Zeit.** *Él tiene poco tiempo.* **/ Er hat wenig (wenige) Freunde.** *Él tiene pocos amigos. (ver declinación tipo II en la página 120)*
- **wenig** con un verbo significa *poco*: **Er isst wenig.** *Él come poco.*

Observa que **wenig** puede, en los dos casos, construirse con **zu** y se traduce entonces como *demasiado poco*: **Er hat zu wenig Zeit. / Er isst zu wenig.**

- **zu viel(-)** con un sustantivo *(para la concordancia de **viel** ver capítulo 9)* significa *demasiado:* **Es gibt zu viele Leute.** *Hay demasiada gente.*
- **zu viel** con un verbo significa *demasiado* (idea de cantidad): **Sie hat zu viel gegessen.** *Ella ha comido demasiado.*
- **zu sehr** con un verbo significa *demasiado* (idea de intensidad): **Es belastet mich zu sehr.** *Esto me pesa demasiado.*
- **zu** con un adjetivo o con un adverbio significa *demasiado*: **Es ist zu warm.** *Hace demasiado calor.*

7 Traduce las siguientes frases.

a. Él tiene demasiado trabajo. ➜ ....

b. Es demasiado lento. ➜ ....

c. La veo poco. ➜ ....

d. Él duerme demasiado poco. ➜ ....

e. Él me molesta demasiado. ➜ ....

f. Él hace demasiado poco deporte. ➜ ....

Giros de frases impersonales en dativo

Son muchos y no siempre fáciles de dominar. No obstante, difícilmente podrás evitarlos ya que muchos de ellos forman parte del vocabulario de base. El más célebre de todos es seguramente: **»Wie geht es dir?« – »Mir geht es gut, danke. Und dir?«**. Lo que ocurre es que un verbo se puede construir con el acusativo o con el dativo: **Es ekelt mich davor** o **Es ekelt mir davor.** *Eso me da asco.* ¡Incluso la gramática puede ser a veces indecisa!

8 Relaciona cada frase con su traducción.

1. Es schmeckt mir. •	• a. Esto me parece raro.
2. Es gefällt mir. •	• b. Prefiero así.
3. Mir ist es lieber so. •	• c. Me siento mal.
4. Es fällt mir schwer. •	• d. Está bueno. *(un plato...)*
5. Mir ist schlecht. •	• e. Esto me gusta.
6. Es passt mir nicht. •	• f. Esto me cuesta.
7. Es kommt mir komisch vor. •	• g. Esto no me va.

El cuerpo

La expresión alemana **Es hat weder Hand noch Fuß** se traduce en español por *Esto no tiene ni pies ni cabeza.* Los dos idiomas hacen referencia a partes del cuerpo, pero no exactamente a las mismas. ¿Recuerdas el significado de **Hand** y **Fuß** en español o bien de la palabra alemana para *cabeza*? Una buena ocasión para hacer una pequeña revisión.

9 Indica el número correspondiente a la parte del cuerpo indicada.

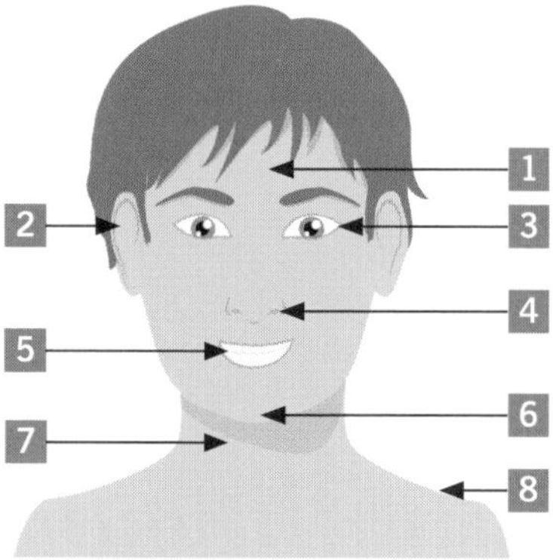

- .... das Ohr(en)
- .... das Auge(n)
- .... das Kinn
- .... der Mund
- .... die Stirn
- .... die Nase
- .... die Schulter(n)
- .... der Hals

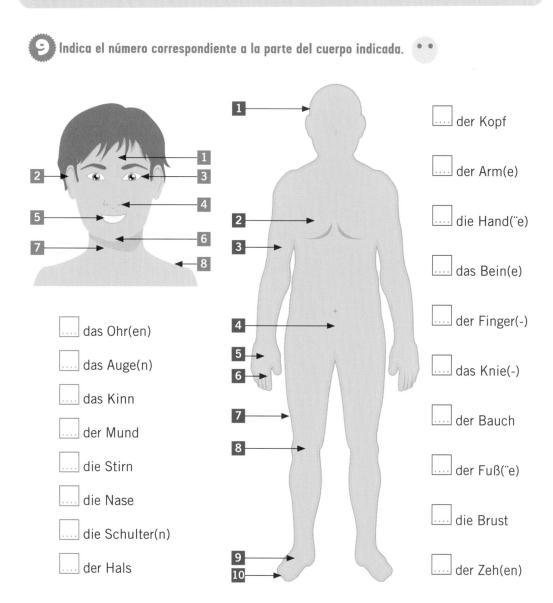

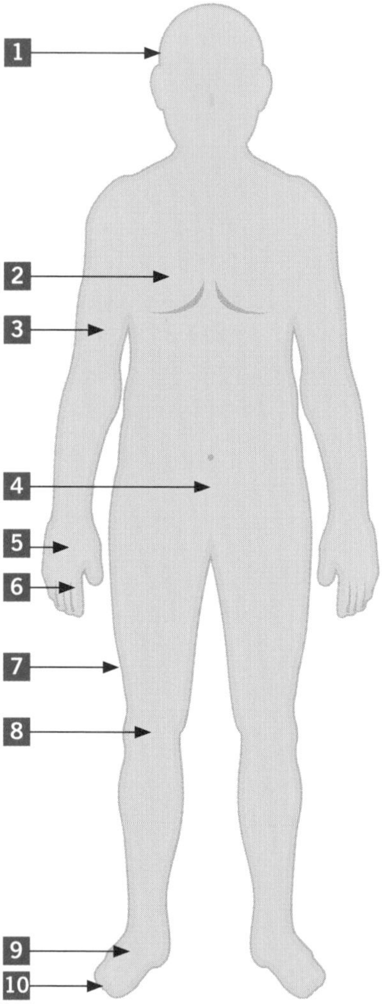

- .... der Kopf
- .... der Arm(e)
- .... die Hand(¨e)
- .... das Bein(e)
- .... der Finger(-)
- .... das Knie(-)
- .... der Bauch
- .... der Fuß(¨e)
- .... die Brust
- .... der Zeh(en)

10 Crucigrama.

↓ Vertical

2C dolores

4C enfriamiento

6E farmacia

8A medicamento

10D salud

13H enfermo

→ Horizontal

4E enfermedad

1H médico

9K sano

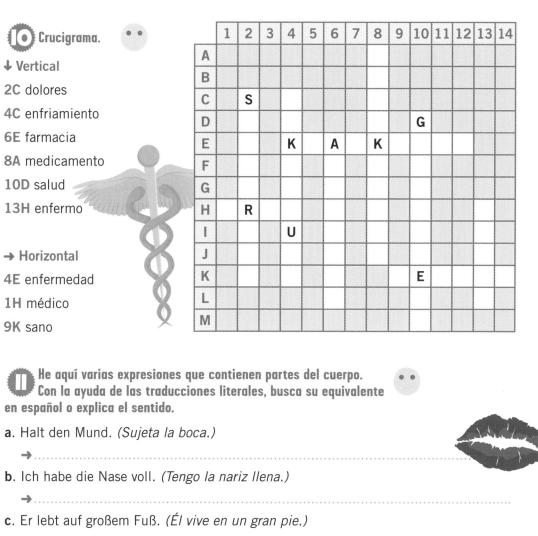

	1	2	3	4	5	6	7	8	9	10	11	12	13	14
A														
B														
C		S												
D										G				
E				K		A		K						
F														
G														
H		R												
I				U										
J														
K										E				
L														
M														

11 He aquí varias expresiones que contienen partes del cuerpo. Con la ayuda de las traducciones literales, busca su equivalente en español o explica el sentido.

a. Halt den Mund. *(Sujeta la boca.)*

→ ....

b. Ich habe die Nase voll. *(Tengo la nariz llena.)*

→ ....

c. Er lebt auf großem Fuß. *(Él vive en un gran pie.)*

→ ....

d. Lügen haben kurze Beine. *(Las mentiras tienen piernas pequeñas.)*

→ ....

e. Mach dir keinen Kopf. *(No te hagas cabeza.)*

→ ....

Bravo, ¡has llegado al final del capítulo 10! Ahora debes contabilizar los iconos y trasladar el resultado a la página 128 para la evaluación final.

Genitivo

Uso y variantes del genitivo

El genitivo responde a la pregunta **wessen** *(de quién)* y se utiliza:

- Para expresar la posesión. Una de las características del genitivo es la **-s final** para los nombres **masculinos** (excepto los masculinos regulares) y **neutros singulares**: **der Lehrer → das Buch des Lehrers**. La gran mayoría de los monosílabos, los nombres que ya terminan en **-s** y aquellos cuya pronunciación lo exija añaden una **e** intercalada: **der Mann → das Buch des Mannes**; **das Krankenhaus → die Fläche des Krankenhauses**.

Sin embargo, en la lengua hablada, el genitivo tiende a perderse y la posesión se expresa cada vez más con la preposición **von**: **das Buch von dem Lehrer** (de ahí el título de un libro sobre el alemán: ***Der Dativ ist dem Genitiv sein Tod*** – *El dativo es la muerte del genitivo).*

- Después de algunas preposiciones como **trotz** *(a pesar de)*, **während** *(durante)* y **wegen/aufgrund** *((a causa de)*. Pero ahí también el dativo reemplaza generalmente al genitivo en la lengua hablada: **wegen des Verkehrs → wegen dem Verkehr**.
- También existe otra forma de genitivo, llamada **genitivo sajón**. En origen, se utilizaba con todos los nombres, pero hoy en día se limita esencialmente a los nombres propios. Se construye como sigue: **nombre propio + s seguido del grupo nominal al que se refiere**. El artículo determinado desaparece y el adjetivo toma así las marcas del tipo II *(ver tabla de declinaciones en la página 120)*: **Der ältere Bruder von Gisela studiert in Amerika. → Giselas älterer Bruder studiert in Amerika.**

1 Pasa al genitivo.

a. die Tasche von dem kleinen Mädchen

→ ....

b. das Auto von einem reichen Mann

→ ....

c. die Schulbücher von den neuen Schülern

→ ....

d. der Stock von einer alten Frau

→ ....

2 Expresa la posesión con *von*.

a. die Koffer der deutschen Touristen

→ ....

b. das Fahrrad des kleinen Mädchens

→ ....

c. die Sporthalle der neuen Schule

→ ....

d. der Plan eines alten Flughafens

→ ....

3 Transforma las frases con *von* al genitivo sajón y viceversa.

a. Das Buch von Peter liegt auf dem Tisch.
→ ....

b. Kennst du den neuen Freund von Sabine.
→ ....

c. Pauls kleiner Bruder ist in meiner Klasse.
→ ....

d. Ich habe Richards Frau eine Mail geschrieben.
→ ....

4 Completa las frases con *trotz, während* ou *wegen.*

a. .... schlechten Wetters haben wir gebadet.

b. ....des Streiks konnten wir nicht zurückfliegen.

c. Er hat .... des ganzen Konzerts geschlafen.

d. .... eines Unfalls wurde die Autobahn gesperrt.

Masculinos regulares y masculinos mixtos

- Salvo excepciones, los masculinos regulares designan un ser animado de sexo masculino y tienen la característica de presentar la marca **-(e)n** en todos los casos salvo en nominativo singular (la **e** intercalada se aplica a los nombres que terminan en consonante*):
  - singular: **der Russe**, **den Russen**, **dem Russen**, **des Russen** / plural: **die Russen**, **die Russen**, **den Russen**, **der Russen**
  - singular: **der Pilot**, **den Piloten**, **dem Piloten**, **des Piloten** / plural: **die Piloten**, **die Piloten**, **den Piloten**, **der Piloten**.

  Ya te habrás dado cuenta de que muchos masculinos regulares acaban en **-ist/-ent/-ant**, **voyelle + t/-aph/-oph/-ekt/-urg/-sch** o **-e**.

  *Excepción: **der Herr** no lleva la **e** intercalada en singular:
  - singular: **der Herr, den Herrn, dem Herrn, des Herrn** / plural: **die Herren, die Herren, den Herren, der Herren.**

- Los masculinos mixtos entre los que están **der Buchstabe** *(la letra* – alfabética*)*, **der Friede** *(la paz)* y **der Name** *(el nombre)* se declinan a la vez como masculinos regulares (añadiendo una **-n**) e irregulares (**-s** en genitivo singular): **der Name**, **den Namen**, **dem Namen**, **des Namens / die Namen, die Namen, den Namen, der Namen**.

5 Completa la tabla.

Singular	Nominativo	der Student	....
	Acusativo	....	den Löwen
	Dativo	....	....
	Genitivo	....	....

6 Completa la tabla.

Plural	Nominativo	die Studenten	....
	Acusativo	....	die Löwen
	Dativo	....	....
	Genitivo	....	....

7 Traduce estos masculinos regulares.

a. der Prinz ➜ ....

b. der Mensch ➜ ....

c. der Bär ➜ ....

d. der Polizist ➜ ....

e. der Junge ➜ ....

f. der Affe ➜ ....

g. der Komponist ➜ ....

h. der Rabe ➜ ....

i. der Held ➜ ....

Nombres de países

- Los nombres de países generalmente no llevan artículo. No obstante, hay algunas excepciones entre las que están **die Türkei**, **die Schweiz**, **die Vereinigten Staaten/USA** (plural), **die Niederlande** (plural) y otros que se utilizan con y sin artículo como **Iran / der Iran**. Se trata de una evolución de la lengua influenciada en parte por los medios de comunicación. Según indiquen el lugar, el origen o el destino, los nombres de los países se construyen con diferentes preposiciones:

  – **Wo wohnt ihr? ➜ Paul wohnt in Deutschland und ich wohne in der Schweiz.**
  – **Woher kommt ihr? ➜ Paul kommt aus Deutschland und ich komme aus der Schweiz.**
  – **Wohin fahrt ihr? ➜ Paul fährt nach Deutschland und ich fahre in die Schweiz.**

Observa que, en este último caso, los nombres de países sin artículo se construyen con otra preposición distinta de los que llevan artículo. Los nombres de ciudades (siempre sin artículo) y los nombres de regiones (algunas con y otras sin artículo) siguen las mismas reglas.

8 Completa con la preposición / grupo preposicional adecuado.

a. Er fliegt .... USA. **(in die / nach / nach den)**

b. Er war .... Spanien. **(in / nach / aus)**

c. Er fährt .... Italien. **(zu / nach / in das)**

d. Warst du schon einmal .... Rom? **(in / in der / nach)**

Gentilicios e idiomas

- Los gentilicios se clasifican en dos grandes categorías:
  - los masculinos irregulares: se añade el sufijo **-er** al nombre del país con una posible diéresis sobre la **a**, **o** y **u**; el femenino se forma en **-erin**: **Holland → der Holländer(-)/die Holländerin(nen)**.). En algunos casos, el nombre del país se modifica ligeramente. **Amerika → der Amerikaner(-)/die Amerikanerin; Spanien → der Spanier(-)/die Spanierin(nen)**.
  - los masculinos regulares: terminan en **-e** y su femenino en **-in**. Aquí son frecuentes los cambios de raíz respecto al nombre del país y hay que aprenderlos de memoria: **China → der Chinese(n)/die Chinesin(nen)**.

No obstante, hay una excepción importante: **Deutschland → der Deutsche(n)/die Deutsche(n)** y **ein Deutscher/eine Deutsche/Deutsche** (plural). Al contratio que otros gentilicios, aquí se trata de un adjetivo sustantivado; se declina como un adjetivo epíteto *(ver tabla en la página 120)*.

- Los nombres de los idiomas se derivan de los adjetivos con la ayuda de un sufijo **-isch** y se escriben con mayúscula inicial: **die spanische Sprache → Spanisch.** Observa sin embargo: **die deutsche Sprache → Deutsch**.

9 **Escribe el gentilicio (masculino) a partir del país/continente y viceversa.**

a. England → ....
b. der Afrikaner → ....
c. Frankreich → ....
d. der Asiat → ....
e. Europa → ....
f. der Ire → ....
g. Italien → ....
h. der Grieche → ....

10 **Escribe el idioma correspondiente a cada país.**

a. Spanien → ....
b. China → ....
c. England → ....
d. Japan → ....
e. Italien → ....
f. Russland → ....

Bravo, ¡has llegado al final del capítulo 11! Ahora debes contabilizar los iconos y trasladar el resultado a la página 128 para la evaluación final.

Acusativo - dativo

Uso de las preposiciones mixtas

- Utilizadas en el ámbito espacial, las siguientes preposiciones se construyen con el acusativo o con el dativo:

an	auf	hinter	in	neben	über	unter	vor	zwischen
en / junto a	*en / sobre / encima de*	*detrás de*	*a / en*	*al lado de*	*por / sobre*	*debajo*	*delante de*	*entre*

Van con el acusativo cuando indican una dirección o cambio de lugar y con el dativo cuando indican el lugar donde se está: **Ich gehe an die Tafel.** *Voy a la pizarra.* ≠ **Ich bin an der Tafel.** *Estoy en la pizarra.*

Atención, lugar no quiere decir estático; para expresar un movimiento en el propio lugar, debes emplear un dativo: **Er geht in dem Raum hin und her.** *Se pasea de arriba abajo en la habitación.* ≠ **Er geht in den Raum.** *Él entra en la habitación.*

Observa las posibles contracciones con **das** y **dem**: **an** + **das** → **ans**, **an** + **dem** → **am**, **auf** + **das** → **aufs**, **in** + **das** → **ins**, **in** + **dem** → **im**. También se pueden contraer con otras preposiciones, pero es mucho menos frecuente, como **hinter** + **dem** → **hinterm**...

Nota: en general, utilizarás la misma preposición en alemán que en español, como **an die/an der Tafel** *(en la pizarra)*. Sin embargo, hay muchos casos donde el complemento alemán se construirá con una preposición distinta a la del español: **Die Kinder spielen auf dem Pausenhof.** *Los niños juegan en el patio.*

- Entre las preposiciones espaciales, **in** es ciertamente la más compleja de traducir. Se construye con las palabras que describen un espacio (colegio, piscina, cine, teatro, cama...), un vehículo (coche, bus...), un soporte escrito y audiovisual (libro, periódico, tele, radio, internet...) y corresponde en español a las preposiciones *a* o *en*.

1 Señala la respuesta correcta.

a. Wir gehen **in die/in der** Stadt.

b. Wir wohnen **in die/in der** Stadt.

c. Ich bin **ans/am** Telefon.

d. Jeden Sommer fahren wir **ans/am** Meer.

e. Die Kinder spielen **in den/im** Garten.

f. Er hat **auf die/auf der** Couch geschlafen.

2 Completa con una de las preposiciones mixtas.

a. Setzen Sie sich bitte .... den Tisch.

b. Er ist .... den Kopf gefallen.

c. Gehst du gern .... s Theater? *(s = artículo contraído)*

d. Kann ich mich .... dich setzen?

e. Lyon liegt .... Paris und Marseille.

f. Wir fliegen .... den Wolken.

3 Completa las frases con los siguientes grupos nominales. Todos se construyen con la preposición *in*.

das Bett / das Kino / die Schule / die Zeitung / das Schwimmbad / der falsche Bus / das Internet

a. Gestern haben wir einen schönen Film .... gesehen.

b. Ich bin müde. Ich gehe ....

c. Er ist sehr sportlich. Jeden Morgen um 7 Uhr geht er ....

d. Morgen wird's schön. Ich habe es .... gelesen.

e. Ich bin .... eingestiegen. Ich sollte die Linie 5 und nicht 6 nehmen.

f. Schau mal .... Da findest du bestimmt einen Billigflug.

g. Die Kinder sind ....

Verbos de posición

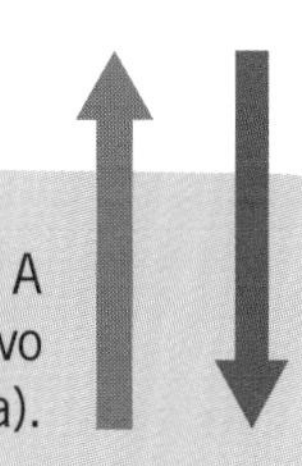

Se distinguen 4 posiciones: *de pie, en plano, suspendido / colgante y sentado.* A cada una le corresponden dos verbos de los cuales uno se utiliza con el acusativo (expresa un movimiento) y el otro con el dativo (expresa una posición estática).

Acusativo	Dativo
stellen/stellte/gestellt *posar / poner(se) (de pie)*	**stehen/stand/gestanden** *estar posado / de pie*
legen/legte/gelegt *poner (en plano) / acostar(se)*	**liegen/lag/gelegen** *estar puesto (en plano) / acostado*
hängen/hängte/gehängt *suspender / colgar*	**hängen/hing/gehangen** *estar suspendido / colgado*
(sich) setzen/setzte/gesetzt *sentarse*	**sitzen/saß/gesessen** *estar sentado*

4 **Completa las frases con un verbo de posición.**

a. Ich habe alle Papiere auf deinen Schreibtisch ....

b. Willst du dich nicht lieber auf diesen Stuhl ....?

c. Die Blumen .... auf dem Tisch.

d. Deine Jacke .... in meinem Schrank?

e. Er .... im Bett.

5 **Señala la respuesta correcta.**

a. **Häng/stell/hing** bitte den Mantel an den Haken!

b. Ich habe den ganzen Tag **gesitzt/gesessen/gesetzt**.

c. Ich **liege/stelle/stehe** schon seit 40 Minuten an der Bushaltestelle und es kommt kein Bus.

d. Hat jemand von euch meinen Geldbeutel genommen? Er **legte/lag/stand** doch hier.

e. Als ich ankam, **standen/stellten/lagen** alle vor der Haustür, um mich zu begrüßen.

Pronombres reflexivos

Su declinación es la misma que la del pronombre personal, salvo en la 3.ª persona del singular y del plural, y en la forma de cortesía. Observa que algunos verbos reflexivos o pronominales en alemán no lo son en español y viceversa.

Acusativo	Dativo
ich wasche mich	**ich kaufe mir ein Auto**
du wäschst dich	**du kaufst dir ein Auto**
er wäscht sich	**er kauft sich ein Auto**
wir waschen uns	**wir kaufen uns ein Auto**
ihr wascht euch	**ihr kauft euch ein Auto**
sie/Sie waschen sich	**sie/Sie kaufen sich ein Auto**

6 **Conjuga los verbos en presente de indicativo en la persona indicada.**

a. sich kämmen (2.ª pers. sing.)) → ....

b. sich freuen (3.ª pers. sing.) → ....

c. sich einen Tee machen (1.ª pers. pl.) → ....

d. sich setzen (1.ª pers. sing.) → ....

7 Traduce las frases utilizando los siguientes verbos pronominales y reflexivos.

sich beeilen sich vorbereiten sich benehmen
sich umdrehen SICH ANZIEHEN sich erholen

a. No tengo tiempo, debo arreglarme.

➜ ....

b. ¡No te des la vuelta! Él está ahí.

➜ ....

c. Ella se ha comportado muy bien.

➜ ....

d. Hemos descansado bien en las vacaciones.

➜ ....

e. ¡Date prisa! La película comienza en 5 minutos.

➜ ....

f. No me he vestido todavía.

➜ ....

8 Relaciona cada verbo alemán con su traducción.

1. sich ändern •	• **a**. temer
2. spazieren gehen •	• **b**. pasear
3. sich schämen •	• **c**. ahogarse
4. geschehen •	• **d**. despertarse
5. ertrinken •	• **e**. ocurrir
6. sich fürchten •	• **f**. avergonzarse
7. aufstehen •	• **g**. cambiar
8. aufwachen •	• **h**. levantarse

Vocabulario sobre la orientación en la ciudad

Adverbios de lugar:

hier	*aquí*
da	*ahí*
dort	*allí*
oben	*arriba*
unten	*abajo*
rechts	*a la derecha*
links	*a la izquierda*
hinten	*detrás*
vorn	*delante*
drinnen	*dentro*
draußen	*fuera*
drüben	*al otro lado*

- Para el locativo (lugar donde se está), se utilizan tal cual ➔ **Ich bin unten**.
- Para la procedencia, van precedidos de **von** ➔ **Ich komme von unten**.
- Para la dirección, van precedidos de **nach** ➔ **Ich gehe nach unten**.

Ten en cuenta que existe otra construcción gramatical para expresar la procedencia y la dirección *(ver capítulo 15:* ***her*** *y* ***hin****)*.

9 Completa las frases con los adverbios indicados.

a. Ich bin .... **(arriba)**

b. .... ist es zu warm. Lasst uns .... gehen. **(dentro/fuera)**

c. Sitzt du lieber .... oder ....? **(a la izquierda/a la derecha)**

d. Er kam .... **(de la derecha)**

e. Setz dich .... **(detrás)**

10 Completa las frases con las siguientes palabras:

nehmen
Richtung
verfahren
geradeaus
verlaufen
komme
biegen

a. Wie .... ich zum Bahnhof?
¿Dónde está la estación? (palabra por palabra: *¿Cómo llego...?*)

b. Fahren Sie immer weiter ....!
¡Siga siempre todo recto!

c. .... Sie nach links ab!
¡Gire a la izquierda!

d. .... Sie die zweite Straße rechts!
¡Tome la segunda a la derecha!

e. Sie haben sich .... / ....!
Ustedes se han equivocado a pie / en coche.

f. Sie müssen in die andere ....!
Debe tomar la dirección contraria.

Crucigrama.

↓ Vertical
1B hospital
3B museo
5B estación
10I correos
11A iglesia
14B panadería
16I cine

→ Horizontal
7B piscina
3D colegio
9F teatro
1J farmacia
10K estadio
1L supermercado

	1	2	3	4	5	6	7	8	9	10	11	12	13	14	15	16
A																
B																
C																
D																
E																
F																
G																
H																
I																
J																
K																
L																

Bravo, ¡has llegado al final del capítulo 12! Ahora debes contabilizar los iconos y trasladar el resultado a la página 128 para la evaluación final.

Sintaxis

Principal y subordinada...

La sintaxis alemana es muy compleja. El orden de las palabras varía según el tipo de frase, principal o subordinada, y según la posición de estas dentro de la frase. Es mejor abordar este tema de forma metódica, sin buscar ningún parecido con el español.

- Principal: el verbo ocupa siempre el segundo lugar y alrededor de él van el sujeto y otros complementos (salvo en una interrogativa sin pronombre interrogativo):

  → **Peter fährt morgen nach Ulm. / Morgen fährt Peter nach Ulm. / Nach Ulm fährt Peter morgen.** (construcción muy rara, pero correcta)

Cuando el núcleo verbal lleva un participio pasado, un infinitivo o un prefijo separable, estos se van al final de la frase, pero el resto del núcleo verbal ocupa siempre el segundo lugar:

→ **Gestern ist Peter nach Ulm gefahren. / Peter möchte morgen nach Ulm fahren. / Peter reist morgen nach Ulm ab.**

En general, el complemento de tiempo se coloca o bien al principio de la frase o justo delante del complemento de lugar.

Una interrogativa con un pronombre interrogativo sigue la misma regla:

→ **Wann ist Peter nach Ulm gefahren? / Wer möchte morgen nach Ulm fahren?**

1 Como en el ejemplo, ordena los elementos de la frase comenzando primero por el sujeto y después por el complemento de tiempo.

Ej: hat angerufen / gestern / sie / mich → Sie hat mich gestern angerufen. / Gestern hat sie mich angerufen.

a. zieht um/mein Sohn/im Mai

→ .... / ....

b. heute/er/ist losgefahren

→ .... / ....

c. kannst/du/nächste Woche/bei mir wohnen

→ .... / ....

... Principal y subordinada

- Subordidada: el verbo se coloca al final de la frase y los otros elementos se quedan en el mismo lugar que en la principal.

  → **Sie weiß nicht, ob Peter morgen nach Ulm fährt. / Sie weiß nicht, ob Peter morgen nach Ulm abreist. / Sie weiß nicht, ob Peter morgen nach Ulm fahren kann. / Sie weiß nicht, ob Peter gestern nach Ulm gefahren ist.**

Generalmente, el sujeto se coloca directamente detrás de la conjunción, pero también se puede colocar detrás de un complemento: **Sie weiß nicht, ob morgen Peter nach Ulm fährt.**

- Subordinada al comienzo de la frase: el sujeto y el verbo de la frase se invierten. Pero el infinitivo, el participio pasado y el prefijo sin embargo permanecen siempre al final de la principal.

  → **Ob Peter morgen nach Ulm fährt, weiß sie nicht. / Ob Peter morgen nach Ulm fährt, kann sie nicht sagen. / Wann Peter morgen nach Ulm fährt, hat sie nicht gesagt. / Wenn Peter morgen nach Ulm fährt, kommt sie auch mit.**

Ten en cuenta que la principal y la subordinada van siempre separadas por una coma.

2 Ordena los elementos de la subordinada precedida por: *Sie weiß nicht, ob...*

Ejemplo: den Brief / ihr Freund/hat bekommen → (...), ob ihr Freund den Brief bekommen hat.

a. schön/das Wetter/am Wochenende/wird
→ Sie weiß nicht, ob ....

b. am Samstag/ihr Bruder/kann mitkommen
→ Sie weiß nicht, ob ....

c. deine Mutter/hat angerufen/er
→ Sie weiß nicht, ob ....

3 Invierte el orden principal/subordinada y viceversa.

a. Wir kommen pünktlich an, wenn es keinen Verkehr gibt.
→ ....

b. Bevor wir anfangen, möchte ich meine Mutter anrufen.
→ ....

c. Wir können dich nach Hause fahren, nachdem wir Sabine zum Bahnhof gebracht haben.
→ ....
....

Las conjunciones de subordinación

Abórdalas en primer lugar como una lista de vocabulario que tienes que aprender de memoria. Gracias a ellas puedes matizar tu propósito, formular frases más completas y complejas y evitar sobre todo expresarte únicamente con principales.

als	*cuando*
anstatt, dass	*en lugar de*
bevor	*antes que*
bis	*hasta que*
damit	*a fin de que*
dass	*que*
nachdem	*después (de) que*
ob	*si...*
obwohl	*aunque*
ohne dass	*sin*
weil/da	*dado que / porque*
wenn	*si / cuando*

No obstante, debes tener en cuenta esto:

- **da** y **weil** son dos conjunciones que traducen la causa, pero su uso y significado no son siempre idénticos:
  - **da** se coloca normalmente al principio de la frase e introduce una razón más o menos conocida / poco sorprendente: **Da es immer noch kalt ist, ziehe ich mich warm an.** *(Como todavía hace frío, me sigo abrigando.)*
  - **weil** se coloca normalmente detrás de la principal y anuncia una causa más inesperada / sorprendente: **Ich ziehe mich warm an, weil es heute viel kälter ist.** *(Hoy me abrigo porque hace mucho más frío.)*

En la lengua hablada, no se respeta siempre esta diferencia de significado.

- la conjunción de coordinación **denn** sirve igualmente para expresar la causa: **Ich ziehe mich warm an, denn es ist kalt.** Pero atención: aunque se trata de una conjunción de coordinación, el verbo queda en 2.ª posición.

 **Señala la conjución correcta.** 

a. Er ist arbeiten gegangen, **obwohl/damit/bevor** er krank ist.

b. Putz dir die Zähne, **bevor/bis/damit** du ins Bett gehst.

c. Er sagt, **dass/damit/bis** es nicht wahr ist.

d. Ich helfe dir, **bevor/damit/obwohl** es schneller geht.

e. Ich werde lernen, **bevor/bis/dass** ich es sehr gut kann.

f. Ich würde öfter schwimmen gehen, **wenn/obwohl/ob** das Schwimmbad nicht so weit wäre.

g. Ich bin nicht sicher, **ob/wenn/damit** er meine Mail bekommen hat.

5 completa las frases con *da, weil* o *denn.*

a. Ich fahre mit dem Bus, ... ich einen Autounfall hatte.

b. .... wir wenig Zeit haben, werden wir nur die Familie besuchen.

c. Ich muss nach Hause, ... es ist schon spät.

d. Er kommt nicht, ... er krank ist.

Adjetivos compuestos

Al igual que para los nombres, en alemán existen numerosos adjetivos compuestos, formados por la yuxtaposición de dos términos, e incluso más. Las composiciones son variadas, como por ejemplo:

- **adjetivo + adjetivo: dunkel** *(oscuro)* **+ rot** *(rojo)* **➜ dunkelrot** *(rojo oscuro)*
- **nombre + adjetivo: der Himmel** *(cielo)* **+ blau** *(azul)* **➜ himmelblau** *(azul cielo)*

En algunos casos hay que añadir una letra (generalmente una **s**) o quitar una (generalmente una **n**): **das Leben** *(la vida)* **+ notwendig** *(necesario)* **➜ lebens-not-wendig** *(vital, necesario para la vida).*

Como puedes comprobar, el orden de los términos se invierte repecto al español y, claramente, la traducción palabra por palabra no siempre es posible.

6 Forma los adjetivos compuestos y después tradúcelos al español.

a. **der Schnee** *la nieve* + **weiß** *blanco*

➜ ....

b. **hell** *claro* + **grün** *verde*

➜ ....

c. **der Rabe** *el cuervo* + **schwarz** *negro*

➜ ....

d. **das Haus** *la casa* + **gemacht** *hacer*

➜ ....

e. **das Leben** *la vida* + **froh** *contento/feliz*

➜ ....

f. **die See** *la mar* + **krank** *enfermo*

➜ ....

7 **Descompón estos adjetivos y después relaciónalos con su traducción.**

1. strohdumm → .... •
2. kinderleicht → .... •
3. riesengroß → .... •
4. pflegeleicht → .... •
5. farbenblind → .... •
6. bildhübsch → .... •
7. federleicht → .... •

- • a. muy bonito
- • b. gigantesco
- • c. daltónico
- • d. elemental/muy fácil
- • e. ligero como una pluma
- • f. fácil de conservar
- • g. tonto de remate

Comunicación y nuevas tecnologías

La gran mayoría de los términos relativos a las nuevas tecnologías provienen del inglés y un buen número de ellos son los mismos que en español. Pero, no obstante, hay muchas palabras que difieren de una lengua a otra.

Respecto al género, no hay una regla definida, incluso algunas palabras pueden tener los dos géneros.

8 **Aquí tienes algunas frases clave de una conversación telefónica. Complétalas con las siguientes palabras.**

Hallo zurückrufen Telefonnummer am Apparat Nachricht VERWÄHLT auf Wiederhören Vorwahl

a. Guten Tag, Schmitt .... Könnte ich bitte mit Frau Köhler sprechen.

b. Einen Augenblick bitte. (...) Die Leitung ist besetzt. Könnten Sie später .... ?

c. Mit wem möchten Sie sprechen? (...) Sie haben sich .... Hier ist die 124.

d. Meine .... ist die 654 786 und die .... für Frankreich ist die 00 33.

e. Frau Köhler ist nicht da. Möchten Sie eine .... hinterlassen?

f. .... ! Wer ist bitte am Apparat?

g. In Ordnung. Morgen schicke ich Ihnen die ganze Information. .... !

9 Completa las letras que faltan en las siguientes palabras.

a. _ _ _ _ _ _ H _ N *televisión*

b. _ A _ _ _ *radio*

c. _ _ _ H *libro*

d. _ _ _ E _ *carta (correo)*

e. _ _ _ T _ _ G *periódico*

f. Z _ _ _ S _ H _ _ F _ *revista*

g. N A _ _ R I _ _ T _ _ *noticias*

h. T _ G _ S _ _ H _ U *telediario*

10 *Der, die oder das?* Te toca elegir a ti.

a. .... Handy

b. .... iphone

c. .... Computer

d. .... / .... SMS

e. .... Website

f. .... / .... Mail

g. .... PC

h. .... Mailbox

i. .... Email Adresse

j. .... Keyboard

k. .... / .... Laptop

l. .... Informatik

m. .... Programm

n. .... Dokument

11 Relaciona cada palabra con su traducción.

1. die Verbindung •	• a. contraseña
2. der Drucker •	• b. ratón
3. die Datei •	• c. pantalla
4. das Kennwort •	• d. conexión
5. die Maus •	• e. impresora
6. das Mauspad •	• f. fichero
7. der Bildschirm •	• g. alfombrilla para el ratón

Bravo, ¡has llegado al final del capítulo 13! Ahora debes contabilizar los iconos y trasladar el resultado a la página 128 para la evaluación final.

Verbos modales

Conjugación y uso de los verbos modales

- **Müssen** *(deber)* expresa una orden, una obligación, así como una voluntad o necesidad interior muy fuerte: **Wir müssen das Auto stehen lassen, es ist kaputt.** *Debemos dejar el coche aquí, se ha roto. / Tenemos que dejar...*; **Der Film ist toll. Du musst ihn sehen.** *La película es genial. Debes verla / Tienes que verla.* Observa que en español, **müssen** se suele traducir por *tener que.*
- **Sollen** *(deber)* expresa razones morales, un consejo, una voluntad o un argumento de autoridad más atenuado: **Du sollst dir die Zähne putzen.** *Debes lavarte los dientes.* La atenuación puede venir señalada por el uso del subjuntivo II hipotético: **Das sollte man nicht tun.** *No se debería hacer eso.*
- **Können** *(poder)* expresa una capacidad, una posibilidad, el saber: **Kannst du Deutsch (sprechen)?** *¿Sabes hablar alemán?* En la solicitud (en el sentido de rogar a alguien) y en la respuesta a esa solicitud, **können** equivale generalmente al subjuntivo II hipotético: **Könnten Sie früher kommen? – Ja, ich könnte schon um 7 Uhr kommen.** *¿Podrías venir más pronto? – Sí, podría ir a las 7.*
- **Dürfen** *(poder/tener el derecho)* traduce un permiso otorgado por un tercero y la fórmula de cortesía introducida por *puedo...*: **Ich darf bis Mitternacht ausgehen.** *Puedo salir hasta media noche. / Tengo permiso hasta media noche*; **Darf ich Sie um das Salz bitten?** *¿Puedo pedirte la sal?*
- **Wollen** *(querer)* expresa una fuerte determinación: **Ich will es versuchen.** *Quiero (completamente) probarlo.*
- **Mögen** *(gustar / querer)* en presente se utiliza sobre todo en el contexto de la alimentación y significa *apreciar / gustar*: **Ich mag Schokoladenkuchen.** *Me gusta la tarta de chocolate.* Empleado en condicional, expresa un deseo: **Ich möchte zu Hause bleiben.** *Me gustaría quedarme en casa.*

Observa que **wissen** *(saber)* se conjuga como un verbo modal *(ver tabla de conjugación en las páginas 118-119)*.

El uso de uno u otro verbo modal es también una elección dependiendo del contexto y/o del mensaje que quieras transmitir: **Er darf nicht mitkommen.** *Él no puede venir* (no tiene permiso). ≠ **Er kann nicht mitkommen.** *Él no puede venir* (falta de tiempo...).

1 Señala la respuesta correcta.

a. Vorm Essen **soll/kann/darf** man sich die Hände waschen.

b. Gestern **mochte/konnte/musste** ich um 4.30 aufstehen, weil ich einen frühen Flieger hatte.

c. **Will/Soll/Darf** ich Sie etwas fragen?

d. Wir **dürfen/sollen/können** hier nicht rauchen. Hier steht »Rauchen verboten!«

e. Er **will/darf/kann** sehr gut Deutsch.

f. **Müssen/Dürfen/Möchten** Sie etwas trinken? – Ja gern.

g. Ich **kann/muss/will** leider nicht länger bleiben. Mein Zug fährt in 30 Minuten.

h. **Kannst/Weißt/Darfst** du, wie spät es ist?

2 Señala el verbo adecuado.

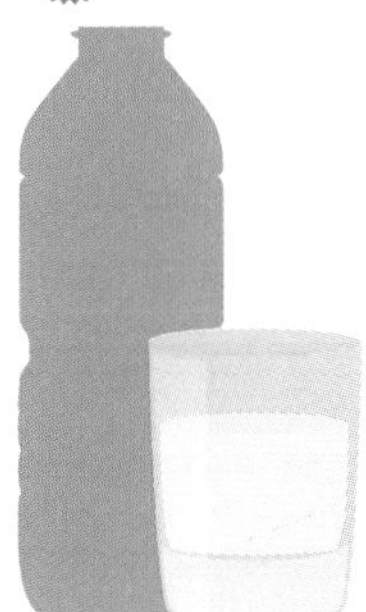

a. Er **darf/kann** nicht ins Kino gehen. *(Sus padres no quieren.)*
b. ≠ Er **darf/kann** nicht ins Kino gehen. *(Él tiene mucho trabajo.)*

c. Er **will/möchte** Wasser. *(Él quiere agua y nada más.)*
d. ≠ Er **will/möchte** Wasser. *(Le apetece agua.)*

e. Er **soll/muss** es ihm sagen. *(Imposible ocultar la verdad.)*
f. ≠ Er **soll/muss** es ihm sagen. *(Sería más correcto decírselo.)*

3 Aquí tienes varias frases que comienzan por *Könnten Sie bitte...* (¿Podría..., por favor?). Complétalas con uno de los siguientes verbos:

halten | buchstabieren | ausfüllen | rufen | wiederholen | warten

a. Ich habe Sie nicht verstanden. Könnten Sie das bitte ....?

b. Könnten Sie mir bitte ein Taxi ....?

c. Könnten Sie bitte dieses Formular ....?

d. Könnten Sie bitte Ihren Namen ....?

e. Könnten Sie bitte einen Augenblick ....?

f. Könnten Sie bitte die Klappe* ....?

¿Podría cerrarla, por favor?

Giros idiomáticos

En alemán, hay muchas frases hechas que contienen verbos modales. Por eso a veces no es fácil entender a la primera su significado, ya que normalmente su traducción española ni lleva ese tipo de verbos. Descubre algunos ejemplos.

4 Relaciona daca expresión alemana con su traducción.

1. Es kann sein. •
2. Das darf doch nicht wahr sein. •
3. Wenn ich bitten darf. •
4. Was darf es sein? •
5. Wenn es sein muss! •
6. Wer will, der kann. •

- • **a**. ¿Qué desea?
- • **b**. Se me lo puedo permitir.
- • **c**. Es posible.
- • **d**. Quien quiere, puede.
- • **e**. ¡Es cierto!
- • **f**. Si es necesario.

Traducir: *o... o...; ni... ni...; tanto... como...*

- **entweder... oder...** ➜ *o... o...*: **Wir sehen uns entweder am Samstag oder am Sonntag.** *Nos vemos o el sábado o el domingo.*
- **weder... noch...** ➜ *ni... ni...*: **Sie kann weder Ski fahren noch Tennis spielen.** *Ella no sabía ni esquiar ni jugar al tenis.*
- **sowohl... als auch/wie auch...** ➜ *tanto... como...*: **Sowohl Paul als auch/wie auch Sabine können dich abholen.** *Tanto Sabine como Paul pueden pasar a recogerlo.*

5 Traduce utilizando una de las conjunciones de coordinación presentadas aquí arriba y los verbos modales.

a. Ella no puede ni salir **(ausgehen)** ni invitar amigos.

➜ ....

b. Tienes que llamarle o esta tarde o mañana a mediodía.

➜ ....

c. Ella habla tanto italiano como inglés.

➜ ....

d. Quiero o un helado de chocolate o un pastel de chocolate.

➜ ....

Vocabulario de los medios de locomoción y de la circulación

Estas son algunas abreviaturas utilizadas por si tienes que tomar un tren: **Abf. → Abfahrt** *(salida)*, **Ank. → Ankunft** *(llegada)*, **Hbf. → Hauptbahnhof** *(estación central)*, **DB → Deutsche Bundesbahn** *(ferrocarriles alemanes)*, **IC → InterCity** y **EC → EuroCity** (trenes de larga distancia que unen distintas ciudades europeas), **ICE → InterCityExpress** *(tren de alta velocidad)*, **S-Bahn → Schnellbahn** (red ferroviaria de transporte metropolitano).

6 **Escribe un sinónimo de estas palabras.**

a. die Bahn
→ ....

b. der Flieger
→ ....

c. das Auto
→ ....

d. das Boot
→ ....

7 **Busca la traducción de cada una de estas palabras:** ***el cruce, el semáforo, el atasco, la circulación, el accidente, el surtidor de gasolina.***

a. die Kreuzung → ....

b. der Unfall → ....

c. der Verkehr → ....

d. der Stau → ....

e. die Ampel → ....

f. die Tankstelle → ....

8 **Completa las letras que faltan.**

a. die **H** _ **L T** _ **S** _ **E** _ **L** _ *la parada (bús...)*

b. der **A** _ _ _ _ _ _ _ *el autobús*

c. die _ **– B** _ _ **N** *el metro (abreviado)*

d. die **S** _ _ _ _ _ _ _ la estación

e. das _ _ _ **O** _ **R** _ **D** *la moto*

f. die **S** _ _ _ _ **E** _ **B** _ _ _ *el tranvía*

g. die _ _ **T** _ _ **A** _ _ *la autopista*

h. die _ _ _ _ _ _ **E** *la carretera*

9 **Crucigrama: traduce las siguientes palabras.**

	1	2	3	4	5	6	7
A							
B							
C							
D							
E							
F							
G							
H							
I							
J							
K							

↓ Vertical
1A volar (en avión)
4D correr (carrera)
6F navegar / hacer vela

→ Horizontal
1B correr, andar rápido
1E caminar
2I aterrizar
1K circular, conducir

Bravo, ¡has llegado al final del capítulo 15! Ahora debes contabilizar los iconos y trasladar el resultado a la página 128 para la evaluación final.

15 Verbos con prefijo

Uso de los prefijos (regla básica)

Los prefijos, divididos en tres categorías, matizan o modifican el sentido de los verbos.

- Los inseparables: **be-**, **emp-**, **ent-**, **er-**, **ge-**, **miss** (**miß-** antes de la reforma), **ver-** y **zer-**. No se separan nunca del verbo y el participio pasado no toma el **ge**: **Ich verkaufe mein Fahrrad. → Ich habe mein Fahrrad verkauft.**

Aprende esta regla mnemotécnica: Cerbère **(zer-, be-, er-)** gémit **(ge-, miss-/miß-)** en **(emp-)** enfer **(ent-, ver-)**.

- Los separables son numerosos: **an-**, **aus-**, **mit-**, **zurück-**... En el caso de un tiempo simple, se separan del verbo y se colocan al final de la frase; en el caso de un tiempo compuesto con un participio pasado, se colocan delante del participio pasado: **ankommen → Ich komme um 10 Uhr an. → Ich bin um 10 Uhr angekommen.**
- Los mixtos: **durch-**, **über-**, **unter-**, **um-**, **wider-** y **wieder-**. Según el caso, son separables o inseparables. Las más complicadas son **durch-**, **über-** y **unter-**. Al principio, es mejor aprenderse los verbos de memoria. **Um-** es separable cuando expresa un cambio de lugar o de estado e inseparable con el sentido de *rodear*: **Wir steigen in Bonn um.** *Nos mudamos a Bonn.* **≠ So umfahren Sie den Stau!** *¡Así te evitas el atacasco!* **Wider-** es separable en el sentido de *reflejar / resonar* e inseparable en el sentido de *contra*: **Es spiegelt sich im Wasser wider.** *Eso se refleja en el agua.* **≠ Er widerspricht mir ständig.** *Me contradice constantemente.* **Wieder-** casi siempre es separable, salvo con el verbo **wiederholen** *(repetir)*.

Ten en cuenta que el acento tónico recae sobre el prefijo cuando es separable y sobre el verbo cuando el prefijo es inseparable.

Después de la reforma, **voll** ya no se considera un prefijo mixto pero en ciertos casos puede equivaler a un prefijo inseparable.

1 Completa las frases con estos verbos. ¡Atención a las diferentes conjugaciones!

ENTDECKEN verbieten bekommen sich benehmen erzählen empfehlen verstehen gewinnen

a. Ich habe nicht ...., was er gesagt hat.

b. Wer hat gestern beim Fußball ....

c. Rauchen .... Hast du das Schild nicht gesehen?

d. Was .... Sie mir als Wein?

e. Sie hat mir eine schöne Geschichte ....

f. Wie viele Mails .... du pro Tag?

g. In welchem Jahr wurde Amerika ....

h. Die Kinder haben sich sehr gut ....

2 **Completa las frases con los siguientes verbos. ¡Atención a las diferentes conjugaciones!**

anrufen — aussteigen — zurückkommen — einladen — vorbeigehen — aufräumen — mitbringen

50

a. Wen möchtest du zum Geburtstag ....?

b. Ich habe mein ganzes Zimmer ....

c. .... Sie bitte 2 Fotos und Ihren Pass ....?

d. Hast du etwas von Sabine gehört? – Ja, sie hat mich gestern ....

e. Wir .... bei der nächsten Bushaltestelle ....

f. Er ist an mir .... , ohne einmal zu grüßen.

g. Ich bin gestern aus dem Urlaub ....

3 **Escribe una S si el prefijo es separable y una I si es inseparable.**

a. unterschreiben *(firmar)* ➜ ....

b. wiedersehen *(volver a ver a alguien*)* ➜ ....

c. umziehen *(mudarse)* ➜ ....

d. überlegen *(reflexionar)* ➜ ....

e. übersetzen *(traducir)* ➜ ....

f. umfallen *(caerse)* ➜ ....

g. umarmen *(abrazar)* ➜ ....

h. überholen *(adelantar)* ➜ ....

i. unterbrechen *(interrumpir)* ➜ ....

j. untergehen *(ponerse – sol)* ➜ ....

k. umkehren *(dar media vuelta)* ➜ ....

l. durchqueren *(atravesar un lugar)* ➜ .....

* después de la reforma, se escribe también en dos palabras: **wieder sehen**

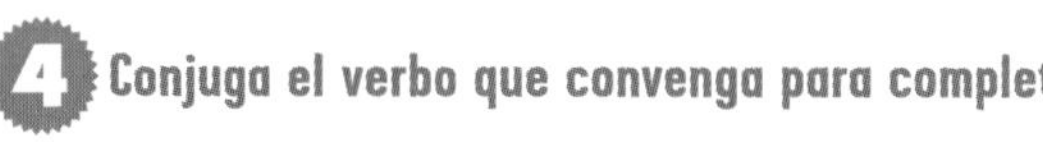

4 Conjuga el verbo que convenga para completar cada frase.

a. Es hat geklingelt. Kann jemand die Tür .... **(machen/aufmachen/zumachen)**

b. Schnell, der Film hat schon .... **(fangen/anfangen/empfangen)**

c. Die Zeit .... schnell. **(gehen/vergehen/aufgehen)**

d. Viele alte Leute .... schlecht. **(hören/zuhören/gehören)**

e. Morgen möchte ich meine Großmutter .... **(suchen/versuchen/besuchen)**

f. Susi ist leider beim Abitur *(suspender el Bachillerato)* .... . **(fallen/umfallen/durchfallen)**

5 Deriva los verbos a partir de los sustantivos y viceversa.

Sustantivo	Verbo
die Abfahrt	....
die Ankunft	....
die Bestellung	....
die Unterschrift	....

Sustantivo	Verbo
....	erklären
....	erzählen
....	anfangen
....	wiederholen

6 Señala la respuesta correcta.

a. Es ist kalt. Zieh dir etwas Warmes **um/an/aus**.
Hace frío. Ponte algo de abrigo.

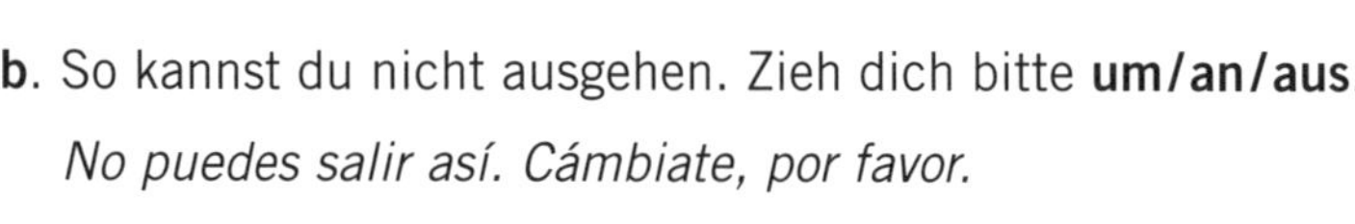

b. So kannst du nicht ausgehen. Zieh dich bitte **um/an/aus**.
No puedes salir así. Cámbiate, por favor.

c. Zieh bitte die Schuhe **um/an/aus**.
Quítate los zapatos, por favor.

d. Ach! Ich habe 5 Kilo **zugenommen/aufgenommen/gewonnen**.
¡Uy! He aumentado 5 kilos.

e. Du musst unbedingt **verlieren/abnehmen/wegnehmen**!
Es imprescindible que adelgaces.

hin y her

Los verbos de movimiento como **gehen** y **kommen** se asocian frecuentemente a **hin** y **her**. Se trata de una construcción verbal propia del alemán y no siempre es evidente para un hispanohablante:

- **hin** indica generalmente un movimiento que parte del que habla hacia otro punto de destino: **Bring ihm den Wein hin!** *¡Pásale el vino!* **/** **Wo gehst du hin?/Wohin gehst du?** *¿Dónde vas?*
- **her** indica generalmente un movimeinto hacia el que habla y su procedencia: **Bring mir den Wein her!** *¡Pásame el vino!* **/** **Wo kommt er her?/Woher kommt er?** *¿De dónde viene?*
- **hin** y **her** se puede asociar igualmente a los adverbios de lugar o a las preposiciones: **Ich bringe ihm den Wein hinauf.** *Yo le subo el vino.* En español, se traducirá este matiz por un verbo más preciso: *subir, salir*... En el lenguaje hablado, los compuestos en **hin** y **her** se suelen contraer: **hinauf/herauf ➜ rauf, hinaus/heraus ➜ raus...**

Observa la expresión: **dieses ewige Hin und Her.** *Este vaivén permanente.*

7 Completa con *hin o her.*

a. Komm ....! *(¡Ven acá!)*

b. Geh ....! *(¡Vete allí!)*

c. Geh .... ein!
Ich bleibe draußen.
(¡Entra! Yo me quedo fuera.)

d. Ich bin oben.
Komm .... auf!
(Estoy arriba. ¡Sube!)

e. Er kommt von dort ....
(Él viene de allí.)

f. Bleib da.
Ich fahre ....
(¡Quédate ahí! Voy para allá.)

Traducir *pero/sino*

Estas conjunciones de coordinación se traducen por **aber** y **sondern**:

- **aber** une dos proposiciones introduciendo una oposición. La primera proposición puede ser positiva o negativa: **Ich war müde, aber ich konnte nicht schlafen.** *Estaba cansado, pero no podía dormir.* **/ Er ist nicht groß, aber er ist stark.** *Él no es grande, pero es fuerte.*
- **Sondern** introduce una rectificación después de una negación parcial: **Das Konzert ist nicht am Sonntag, sondern am Samstag.** *El concierto no es el domingo, sino el sábado.*

8 Completa con *aber* o *sondern*.

a. Es war kurz, ... schön.

b. Es ist anstrengend, ... es macht mir Spaß.

c. Sie ist nicht 10, ... 11.

d. Ich komme nicht morgen, ... übermorgen.

e. Wir haben uns nicht lange gesehen, ... wir haben uns gut unterhalten.

f. Sie ist nicht Deutsche, ... Österreicherin.

Los adverbios

Son muchos en alemán y permiten precisar o modificar el sentido de la frase. No es extraño que vayan colocados al principio de la frase y, en ese caso, presta mucha atención a la sintaxis: el sujeto y el verbo invierten su orden: **Ich komme morgen, um dir zu helfen. → Morgen komme ich, um dir zu helfen.**

9 Relaciona cada adverbio de tiempo con su traducción

1. jetzt • • a. ya
2. bald • • b. antes
3. schon • • c. todavía
4. später • • d. ahora
5. sofort • • e. pronto
6. noch • • f. después
7. früher • • g. inmediatamente

10 Relaciona cada adverbio de modo con su traducción.

1. wirklich • • a. prudentemente
2. kaum • • b. juntos
3. fast • • c. totalmente
4. zusammen • • d. lentamente
5. langsam • • e. verdaderamente
6. ganz • • f. casi
7. vorsichtig • • g. apenas

11 Relaciona cada adverbio de frecuencia con su traducción.

1. immer • • a. raramente
2. oft • • b. jamás
3. gewöhnlich • • c. habitualmente
4. manchmal • • d. siempre
5. selten • • e. a menudo
6. nie(mals) • • f. normalmente
7. normalerweise • • g. a veces

Vocabulario sobre el dinero

En el ejercicio siguiente, descubrirás una lista de frases sobre el dinero en las que la mayoría llevan un verbo con prefijo. Pero antes de pasar al vocabulario, retrocedamos un poco en el tiempo. Antes del euro **(der Euro)**, la moneda oficial de la RFA era, desde junio de 1948, **die Deutsche Mark** o **D-Mark**, y el céntimo era **der Pfennig**. También fue, desde el 01/07/90 al 31/12/01, la moneda oficial de la Alemania reunificada.

12 Relaciona las frases con su traducción y, en el caso de los verbos con prefijo, subráyalo.

1. Ich habe 100€ ausgegeben.
2. Ich habe 100€ gespart.
3. Ich habe 100€ bezahlt.
4. Ich habe 100€ aufs Konto überwiesen.
5. Ich habe 100€ verdient.

- **a**. He gastado 100€.
- **b**. He transferido 100€ a la cuenta.
- **c**. He ganado 100€. *(me han pagado...)*
- **d**. He ahorrado 100€.
- **e**. He pagado 100€.

13 Crucigrama.

➜ Horizontal
4A dinero
1C barato
3F factura
3I caro

↓ Vertical
2A rico
4A monedero
7H pobre
9D banco

	1	2	3	4	5	6	7	8	9	10
A										
B										
C										
D										
E										
F										
G										
H										
I										
J										

14 Encuentra el equivalente en español de estas expresiones alemanas o explica el sentido.

a. Zeit ist Geld.

➜ ....

....

b. Besser ein Mann ohne Geld als Geld ohne Mann.

➜ ....

....

c. Geld allein macht nicht glücklich.

➜ ....

....

d. Er schwimmt im Geld.

➜ ....

....

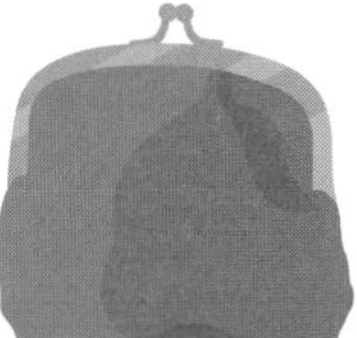

Bravo, ¡has llegado al final del capítulo 15! Ahora debes contabilizar los iconos y trasladar el resultado a la página 128 para la evaluación final.

Verbos con régimen preposicional

¿Acusativo o dativo?

Numerosos verbos alemanes van seguidos de una preposición. Rigen acusativo o dativo y van seguidos de:

- <u>acusativo</u>: los verbos construidos con una preposición que rige acusativo **(für, um...)** así como la preposición mixta **über**: **Es handelt sich um den Autounfall.**
- <u>dativo</u>: los verbos construidos con una preposicón que rige dativo **(mit, von...)** así como la preposición mixta **vor**: **Wir beginnen mit der Nummer drei.**
- <u>acusativo o dativo</u>: los verbos construidos con las preposiciones mixtas **an**, **auf**, **in**, etc.: **Kannst du dich an sie erinnern? / Alle haben am Fest teilgenommen.** Por otro lado, también ocurre que los dos casos sean aceptados por un mismo verbo: **auf sein/seinem Recht bestehen** *(insistir sosbre su derecho)*.

No obstante, esta regla no es suficiente para dominar los verbos, por lo que es mejor aprendérselos de memoria con la preposición y el caso. Ocurre que un mismo verbo tiene diversas construcciones preposicionales: **sich <u>über</u> etwas freuen** (+ acus) y **sich <u>auf</u> etwas freuen** (+ acus). El primero significa *alegrarse de algo del presente o del pasado* y el segundo *alegrarse de algo que está por venir*.

Observa que, en caso de respuesta, no se repite generalmente el objeto preposicional tal cual **(Freust du dich auf die Ferien? – Ja, ich freue mich auch ~~auf die Ferien~~)**, sino que se reemplaza por:

- el pronombre personal precedido de la preposición cuando se trata de un ser animado: **Ich habe mich sehr <u>über Paul</u> geärgert. – Ich habe mich auch <u>über ihn</u> geärgert.**
- **da- + preposición** (o **dar-** si la preposición comienza por una vocal) cuando se trata de una cosa inanimada: **Ich habe mich über meine schlechte Note geärgert. – Ich habe mich auch darüber geärgert.**

I Completa los verbos con la preposición que convenga.

a. Ich danke dir .... das Geschenk.

b. Es riecht .... Wein.

c. Ich bitte dich .... etwas Geduld.

d. Es hängt nur .... dir ab.

e. Ich gratuliere dir ....m Geburtstag.

f. Wir sprechen .... die Ferien.

g. Wir haben .... Politik diskutiert.

h. Ich interessiere mich sehr ...... Popmusik.

2 Señala la respuesta correcta.

a. Ich denke an ☐ dich ☐ dir

b. Man kann sich nicht auf ☐ dich ☐ dir verlassen.

c. Ich kümmere mich um ☐ den ☐ dem Garten.

d. Antworte auf ☐ meine ☐ meiner Frage.

e. Ich habe lange auf ☐ dich ☐ dir gewartet.

f. Sie hat sich in ☐ eine ☐ einer Fee verwandelt.

g. Er ist in ☐ dich ☐ dir verliebt.

h. Es ändert nichts an ☐ die ☐ der Sache.

3 Sustituye el complemento preposicional por un pronombre personal o por *da(r)-* + preposición.

a. Hast du dich nach den Uhrzeiten erkundigt.

→ Nein, ich werde mich morgen .... erkundigen.

b. Für mich ist es kein Problem. Ich bin an die Hitze gewöhnt.

→ Ich aber bin überhaupt nicht .... gewöhnt.

c. Ich habe an den Chef persönlich geschrieben.

→ Gute Idee. Ich werde auch .... schreiben.

d. Kannst du dich an Sabine erinnern?

→ .... nicht, aber an ihren Bruder.

e. Möchte keiner von euch an der Versammlung teilnehmen?

→ Doch, ich möchte .... teilnehmen.

Frases interrogativas con verbos de régimen preposicional

- Cuando se trata de un ser animado, retomamos **la preposición + wen** (para los verbos seguidos de acusativo) o **wem** (para los verbos serguidos de dativo): **An wen schreibst du? – An die Kinder. / Mit wem arbeitest du? – Mit Paul.**
- Cuando se trata de una cosa inanimada, retomamos **la preposición precedida de wo-** o **wor-** para las preposiciones que comienzan por vocal: **Wovon hast du geträumt? – Von den Ferien.**

4 **Completa las frases con un pronombre interrogativo.**

a. .... ist er gestorben? – An Krebs.

b. .... kannst du dich erinnern? – An Sabine.

c. .... ist er verantwortlich? – Er ist für Südamerika verantwortlich.

d. .... ist er verliebt? – In Martha.

e. .... möchten Sie anfangen? – Mit der Übersetzung, wenn's geht.

Pero también...

También existen numerosos adjetivos y nombres que van seguidos de una preposición, y la regla es la misma que para los verbos.

5 **Completa las frases con las siguientes palabras. Las preposiciones ya están indicadas en el texto.**

EINVERSTANDEN weit fertig

freundlich zufrieden stolz

a. Das hat du gut gemacht. Ich bin sehr .... auf dich.

b. Ich möchte einen neuen Computer kaufen. Bist du damit ....?

c. Dein Lehrer ist mit dir sehr .... Er sagt, du arbeitest gut und schnell.

d. Bist du mit den Hausaufgaben .... – Nein, mir fehlt noch eine Aufgabe.

e. Wohnst du .... von der Stadtmitte? – Nein, 5 Minuten zu Fuß.

f. Ich kann nichts sagen. Zu mir war er immer ....

6 **Relaciona cada grupo nominal con su traducción española.**

1. die Verwandtschaft mit •	• a. el odio contra
2. die Lust auf (+ acc) •	• b. la influencia sobre
3. der Einfluss auf (+ acc) •	• c. el amor por
4. der Hass gegen •	• d. la fe en
5. der Kampf gegen •	• e. las ganas de
6. der Glaube an (+ acc) •	• f. la lucha contra
7. die Hoffnung auf (+ acc) •	• g. el parentesco con
8. die Liebe zu •	• h. la esperanza de

aprender, enseñar y enterarse

- **etwas lernen** → *aprender, adquirir conocimientos*: **Peter lernt schwimmen.** *Pedro aprende a nadar.* Observa que **auswendig lernen** significa *aprender de memoria*.
- **jmn etwas lehren/jm etwas beibringen** → *enseñar algo a alguien*: **Er hat ihn Deutsch gelehrt. / Er hat ihm Deutsch beigebracht.** *Él le ha enseñado alemán.* En el alemán hablado, **lehren** a menudo se sustituye por **beibringen**.
- **hören, dass.../erfahren, dass...** → *informar, saber algo de oídas*: **Ich habe gehört/erfah-ren, dass er nach Deutschland umgezogen ist.** *Me han dicho que se ha mudado a Alemania.*

7 Traduce las siguientes frases.

a. Me han dicho que Sabine se ha casado.

→ ....

→ ....

b. Me gustaría aprender alemán.

→ ....

c. Ella le enseña a jugar al tenis. **(Tennis spielen)** *(2 posibles versiones)*

→ ....

→ ....

d. Aprendo mejor por la mañana que por la tarde.

→ ....

e. Ella enseña alemán a extranjeros.

→ ....

→ ....

8 Relaciona estas expresiones preposicionales con su traducción.

1. Auf keinen Fall •	• a. Con total puntualidad
2. In jedem Moment •	• b. A pie
3. Zu Fuß •	• c. ¡A sus órdenes!
4. Zu Befehl •	• d. Al tuntún
5. Auf gut Glück •	• e. En todo momento
6. Auf die Minute genau •	• f. En ningún caso

Vocabularrio de viaje

9 Completa las frases con las siguientes palabras:

Flughafen · Fahrkarte · Gepäck · Fenster · Gang · Flug · Bahnhof · Ermäßigung · Gleis

a. Ihr Flieger ist um 18 Uhr. Sie müssen spätestens um 17 Uhr am .... sein.

b. Sie haben viel ...., drei Koffer und eine Reisetasche.

c. Möchten Sie am .... oder am .... sitzen?

d. Der .... dauert 2 Stunden.

e. Sie müssen schnell zum ...., ihr Zug ist in 20 Minuten. Er fährt von .... 5 ab.

f. Als Student haben Sie eine ....

g. Sie möchten eine .... hin und zurück nach Köln.

10 Crucigrama.

→ **Horizontal**
4D pueblo
6G aduana
1J capital
7M turista

↓ **Vertical**
1H bandera
4A país
6C frontera
7I ciudad
9D extranjero (*país*, no *persona*)

	1	2	3	4	5	6	7	8	9	10	11	12	13
A													
B													
C						G							
D									A				
E													
F													
G								L					
H													
I													
J	H						T						
K													
L													
M													

11 Traduce los siguientes lugares turísticos alemanes.

a. der Schwarzwald → ....

b. der Bodensee → ....

c. der Kölner Dom → ....

d. der Bayerische Wald → ....

e. Aachen → ....

f. Regensburg → ....

g. die Ostsee → ....

h. die Nordsee → ....

12 Ordena las letras para encontrar la traducción de las siguientes palabras.

a. viaje **E/S/I/R/E**

→ die ....

b. vacaciones **N/F/R/I/E/E**

→ die ....

c. permiso **R/B/L/U/U/A**

→ der ....

d. carné de identidad **W/S/A/I/U/E/S**

→ der ....

e. pasaporte **E/I/S/P/S/A/S/R/E**

→ der ....

f. suplemento **G/U/Z/H/L/C/S/A**

→ der ....

g. billete de avión **T/C/K/F/G/I/L/E/T/U**

→ das ....

h. escapada **F/H/T/L/N/A/U/E/A/T**

→ der ....

Bravo, ¡has llegado al final del capítulo 16! Ahora debes contabilizar los iconos y trasladar el resultado a la página 128 para la evaluación final.

17 Infinitivos

Formas y usos de los infinitivos

Un verbo que es complemento de otro verbo siempre va en infinitivo.

- El infinitivo va generalmente precedido directamente por **zu**, traducido en español por *a* o *de* o directamente por el infinitivo: **Er versucht, früher zu kommen.**

En el caso de los verbos con prefijos separables, **zu** se intercala entre el prefijo y el verbo: **Er versucht, früher loszufahren.**

- El infinitivo no va precedido de **zu** después de los verbos de modo y ciertos verbos como **bleiben**, **gehen**, **hören**, **lassen**, **lernen**, **sehen** ➜ **Ich möchte ein Bier trinken. / Wir gehen später einkaufen.**

La duda está en **helfen**. En principio, no se pone **zu** si no hay ningún complemento o si hay uno solo; sí se pone si hay dos complementos: **Ich helfe ihr abdecken.** ≠ **Ich helfe ihr, den Tisch abzudecken.**

Nota: **lassen** seguido de un infinitivo tiene normalmente el sentido de *dejarse hacer*: **Ich lasse mir die Haare schneiden.** *Me he cortado el pelo (me han cortado el pelo).*

- El infinitivo también puede ir precedido de **um... zu** *(para)*, **ohne... zu** *(sin)* y **anstatt... zu** *(en lugar de)*. **Zu** se coloca siempre inmediatamente antes del infinitivo y el/los complemento(s), si lo(s) hay, se intercala(n) entre **um**, **ohne** o **anstatt** y **zu**: **Sie kam ins Haus, ohne zu klingeln. / Sie ist früher gekommen, um die Kinder zu sehen.** Los infinitivos con **um... zu, ohne... zu** y **anstatt... zu** también se pueden colocar al principio de la frase. En ese caso, la oración principal comienza por el verbo: **Ohne zu klingeln, kam er ins Haus.** *(para la sintaxis ver el capítulo 13).* Al igual que en español, el sujeto de la proposición infinitiva y el sujeto de la principal son idénticos; cuando no ocurre así, hay que utilizar las conjunciones de subordinación *(ver capítulo 13).*

Nota: un infinitivo construido con **um... zu** va introducido por el pronombre interrogativo **wozu**.

1 ¿Con *zu* o sin *zu*? Decídelo tú.

a. Ich lerne ...... schwimmen.

b. Er kann noch nicht richtig ...... laufen.

c. Ich freue mich, in Berlin ...... studieren.

d. Ich habe aufgehört ...... rauchen.

e. Ich hoffe, dich bald wieder ...... sehen.

f. Ich helfe dir, den Koffer ...... tragen.

g. Ich höre ihn ...... lachen.

2 **Completa las frases con *um... zu, anstatt... zu* o *ohne... zu*.**

a. Lern für deine Prüfung, ... nichts .... machen.

b. Ich lebe nicht .... arbeiten, sondern ich arbeite .... leben.

c. .... mich .... fragen, hat er meine Tasche genommen.

d. Er ist gegangen, ... ein Wort .... sagen.

e. ...... richtig Deutsch .... lernen, solltest du ein Jahr in Deutschland verbringen.

f. Er macht seine Hausaufgaben, ... überlegen.

3 **Relaciona las respuestas con las preguntas correspondientes.**

1. Wozu brauchst du Seife? •
2. Wozu brauchst du Shampoo? •
3. Wozu brauchst du ein Handtuch? •
4. Wozu brauchst du Zahnpasta? •
5. Wozu brauchst du einen Haartrockner? •
6. Wozu brauchst du einen Lippenstift? •
7. Wozu brauchst du einen Nagellack? •
8. Wozu machst du dich so hübsch? •

• **a.** Um mir die Fingernägel anzumalen.
• **b.** Um mir die Haare zu föhnen.
• **c.** Um den Traumprinzen zu verführen. *(seducir)*
• **d.** Um mir die Haare zu waschen.
• **e.** Um mich zu schminken.
• **f.** Um mich zu waschen.
• **g.** Um mich abzutrocknen.
• **h.** Um mir die Zähne zu putzen.

El infinitivo sustantivado

El infinitivo sustantivado se escribe con mayúscula, se pone en neutro y solo se utiliza a veces en plural. Sirve para expresar:

- una idea colectiva: **das Schreien der Kinder** *los gritos de los niños.*
- la acción, el hecho de: **Ich habe mir beim Essen in die Zunge gebissen.** *Me he mordido la lengua al comer.* **/ Das Rauchen ist hier verboten.** *Está prohibido fumar aquí.*
- el equivalente de una proposición invinitiva introducida por **um... zu**: **Um zu übersetzen brauche ich ein Wörterbuch. ➜ Zum Übersetzen brauche ich ein Wörterbuch.**

Observa que **wozu** introduce también una respuesta con **zum**: **Wozu brauchst du das Wörterbuch? – Zum Übersetzen.**

- el equivalente a una proposición conjuntiva: **Nachdem man aufgewacht ist, sollte man... ➜ Nach dem Aufwachen sollte man... / Bevor ich esse, mache ich... ➜ Vor dem Essen mache ich...**

En general, el infinitivo sustantivado acorta y aligera la frase y se utiliza a menudo para los titulares de los periódicos: **Deutsch lernen beim Schlafen** *Aprenda el alemán durmiendo.*

4 Completa los titulares de los periódicos con uno de los siguientes verbos: 

EINKAUFEN

Abnehmen

Fahren

Warten

Essen

a
STUNDENLANGES .... FÜR FUSSBALLKARTEN

Über 5 Stunden mussten die Fans von...

b
WUNDERMEDIKAMENT ZUM ....

Sie wog 80 kg und wiegt heute nur noch...

c
WENIG .... MACHT NOCH KEIN SUPERMODEL

Wer ein Supermodel sein möchte...

d
DAS .... IST DAS LIEBSTE HOBBY DER STARS

Sie haben Geld und gehen in die schönsten Geschäfte.

e
BEIM .... EINGESCHLAFEN

Auf der Autobahn ist gestern...

5 Sustituye la proposición infinitiva o conjuntiva por un infinitivo sustantivado.

a. Ich brauche ein Glas, um zu trinken.

→ 

b. Das ist eine schöne Wiese, um zu spielen.

→ 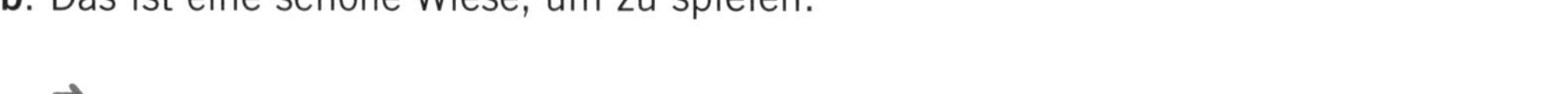

c. Bevor ich laufe, mache ich ein paar Sportübungen.

→ ....

d. Ich komme, nachdem ich trainiert habe.

→ ....

e. Er braucht einen Stock, um zu gehen.

→ ....

6 Relaciona cada pregunta con su respuesta.

1. Wozu brauchst du einen Pinsel?
2. Wozu brauchst du einen Besen?
3. Wozu brauchst du einen Kuli?
4. Wozu brauchst du ein Lineal?
5. Wozu brauchst du ein Rezeptbuch?
6. Wozu brauchst du Mehl?
7. Wozu brauchst du eine Schere?
8. Wozu brauchst du eine Brille?

a. Zum Kochen.
b. Zum Lesen.
c. Zum Unterstreichen.
d. Zum Schneiden.
e. Zum Fegen.
f. Zum Unterschreiben.
g. Zum Backen.
h. Zum Malen.

7 Deriva el infinitivo de estos verbos a partir del pretérito.

a. fiel → ....
b. schlug → ....
c. brach → ....
d. hob → ....
e. sprang → ....
f. verlor → ....
g. zog → ....
h. schnitt → ....
i. stieg → ....

Coma (regla básica)

Aunque la regla es más tolerante después de la aplicación de la nueva ortografía de 2006, la coma juega un papel importane en la frase alemana. Como puedes constatar, puede ser opcional. Sobre todo en el caso de los infinitivos introducidos por **zu**. No hay una regla bien definida, pero se tiende a:

- no se pone coma delante del infinitivo introducido por **zu** si no lleva infinitivo: **Er versucht zu kommen.**

Atención, si puede dar lugar a confusión, se pone la coma: **Er versucht, nicht zu kommen.** *Él intenta no venir.* ≠ **Er versucht nicht, zu kommen.** *Él no intenta venir.*

- se pone coma delante del infinitivo introducido por **zu** si lleva al menos un complemento: **Er versucht, einen früheren Zug zu nehmen.** *Él intenta tomar un tren más pronto.*

Por el contrario, la regla para los infinitivos introducidos por **um... zu**, **ohne... zu** y **anstatt... zu** es clara y precisa:

- se pone siempre coma delante o detrás de todos los infinitivos tengan o no complemento: **Sie ist zu Hause geblieben, anstatt mit ihrer Familie in Urlaub zu fahren. / Ohne zu klingeln, kam sie ins Haus.**

8 Añade la coma cuando sea necesario.

a. Wir sind nach Berlin gefahren um meine Tante zu besuchen.

b. Wir planen nach Indien zu reisen.

c. Ich werde früher aus dem Büro gehen um ihn abzuholen

d. Ich freue mich mit der ganzen Familie eine Woche in Wien zu verbringen.

e. Er betrat den Raum ohne mich zu grüßen.

f. Anstatt ein Geschenk zu kaufen werde ich ihm Geld geben.

g. Es beginnt zu regnen.

Detener/Detenerse

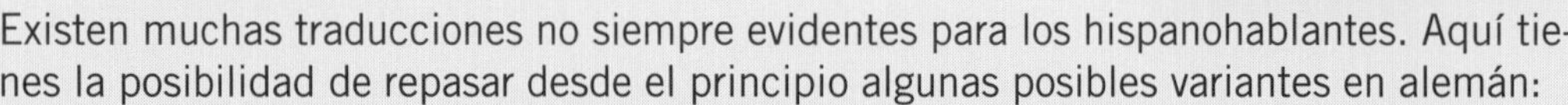

Existen muchas traducciones no siempre evidentes para los hispanohablantes. Aquí tienes la posibilidad de repasar desde el principio algunas posibles variantes en alemán:

- **aufhören** es el verbo más común y se utiliza para expresar:
  - la interrupción de una acción en general, como el trabajo, el juego, las disputas, comer...: **Er hört nicht auf zu arbeiten.** *Él no para de trabajar.* **/ Hör auf, deinen Bruder zu ärgern.** *Deja de molestar a tu hermano.*
  - la interrupción de un acontecimiento en el sentido amplio del término, como un fenómeno meteorológico, la música o cualquier otro sonido...: **Es regnet, ohne aufzuhören.** *Llueve sin parar.* **/ Das Geräusch hörte plötzlich auf.** *El ruido se detuvo bruscamente.*
- **anhalten** se utiliza para indicar:
  - la detención voluntaria del vehículo: **Ich kann nicht mitten auf der Autobahn anhalten.** *No puedo parar en medio de la autopista.*
- **stehen bleiben*** se utiliza para expresar:
  - la detención de un peatón: **Er blieb vor jedem Schaufenster stehen.** *Se detuvo en cada escaparate.*
  - la interrupción involuntaria de un funcionamiento / la avería de un mecanismo como un reloj, un vehículo: **Meine Uhr ist stehen geblieben.** *Mi reloj se ha parado.*
  - la interrupción de una discusión, de una lectura: **Wo sind wir letztes Mal stehen geblieben?**
- **jn verhaften/festnehmen** significa *detener a alguien*: **Der Verbrecher wurde von der Polizei verhaftet/festgenommen.** *El ladrón fue detenido por la policía.*

*Conjugación: **ich bleibe stehen – ich blieb stehen – ich bin stehen geblieben**

9 ompleta las frases añadiendo el verbo adecuado.

a. .... zu weinen.

b. Wir müssen an der nächsten Tankstelle ....

c. Als der Busfahrer das Kind sah, ... er ....

d. Der Motor machte ein komisches Geräusch und plötzlich .... das Auto ....

e. Seit drei Tagen .... es nicht .... zu schneien.

10 Traduce las siguientes frases.

a. Dejo de jugar. → ....

....

b. ¡Espera! No puedo caminar tan rápido. → ....

....

c. ¡Para! Está en rojo. → ....

....

d. Deja de comer chocolate. → ....

....

e. La policía arrestó al ladrón **(Dieb)** cuando este salía de la casa. **(aus dem Haus herauskommen)** → ....

....

....

11 Relaciona cada expresión con su traducción.

1. zum Glück •	• a. en parte
2. zum Wohl •	• b. ¡Salud!
3. zum Teil •	• c. por última vez
4. zum verrückt werden •	• d. para gritar
5. zum Schreien •	• e. por suerte
6. zum letzten Mal •	• f. para volverse loco

Bravo, ¡has llegado al final del capítulo 17! Ahora debes contabilizar los iconos y trasladar el resultado a la página 128 para la evaluación final.

18

La posesión

Adjetivos y pronombres posesivos

La posesión se puede expresar con ayuda del adjetivo posesivo o del pronombre posesivo.

- El adjetivo posesivo alemán **mein, dein, sein...** corresponde en español a *mío, tuyo, suyo...* y se declina con el modelo tipo III. Su raíz está determinada por el poseedor y la terminación por lo poseído: **ich ➜ mein Vater, meine Mutter, mein Kind, meine Eltern; du ➜ dein Vater, deine Mutter, dein Kind, deine Eltern**...

Atención a la tercera persona del singular: **sein** se refiere a un poseedor masculino **(Paul ➜ sein Vater, seine Mutter, sein Kind, seine Eltern)** o neutro **(das Kind ➜ sein Vater, seine Mutter, sein Buch, seine Eltern)**; **ihr** se refiere a un poseedor femenino **(Sabine ➜ ihr Vater, ihre Mutter, ihr Kind, ihre Eltern).** Observa que les ejemplos anteriores se limitan al nominativo y que ihr corresponde también a la tercera persona del plural.

- Los pronombres posesivos alemanes **meiner, deiner, seiner...** *(ver tabla de la página 121)* corresponden a *el mío, el tuyo, el suyo...* Tienen por raíz el adjetivo posesivo más las marcas del artículo definido **der**, **die**, **das**. Al igual que el adjetivo posesivo, su raíz está determinada por el poseedor y la terminación por lo poseído: **Mein Vater ist alt. ➜ Meiner ist alt. / Meine Mutter ist alt. ➜ Meine ist alt,** etc. La regla para la 3.ª persona del singular **(seiner, ihrer...)** es la misma que para **sein** e **ihr**.

1 Completa con los adjetivos posesivos en nominativo.

a. ich ➜ .... Bruder

b. ihr ➜ .... Kinder

c. sie ➜ .... Vater

d. du ➜ .... Schwester

e. er ➜ .... Tochter

f. wir ➜ .... Kind

2 Completa con los adjetivos posesivos adecuados.

a. Der Junge spielt mit .... Freunden.

b. Ich besuche .... Freundin.

c. Sabine und .... Kinder kommen morgen an.

d. Hast du .... Klavierlehrerin angerufen?

e. Wie lange wart ihr bei .... Großeltern?

f. Wir können .... Tochter zum Bahnhof bringen.

3 Traduce las siguientes frases teniendo en cuenta de quién es el amigo/a.

a. Sabine está en casa de su amigo. *(el amigo de Sabine)* ➜ ....

b. Paul también está en casa de su amigo. *(el amigo de Sabine)* ➜ ....

c. Paul llama a su amigo. *(el amigo de* Paul*)* ➜ ....

d. Paul llama a su amiga. *(la amiga de* Paul*)* ➜ ....

e. Sabine llama a su amiga. *(la amiga de Sabine)* ➜ ....

f. Sabine llama a su amigo. *(el amigo de* Paul*)* ➜ ....

g. Sabine llama a su amiga. *(la amiga de* Paul*)* ➜ ....

h. Paul también está en casa de su amiga. *(la amiga de Sabine)* ➜ ....

4 Transforma las siguientes frases según el ejemplo.

Ejemplo: Das ist mein Bruder. ➜ Das ist meiner.

a. Das ist seine Schwester. ➜ Das ist ....

b. Das ist unser Sohn. ➜ Das ist ....

c. Das sind eure Eltern. ➜ Das sind ....

d. Das ist dein Kind. ➜ Das ist ....

e. Das ist meine Frau. ➜ Das ist ....

f. Das sind eure Eltern. ➜ Das sind ....

5 Completa las frases con un pronombre posesivo.

Ejemplo: Ich übernachte bei meiner Tante, und du bei deiner.

a. Er arbeitet mit seinem Lehrer, und sie mit ....

b. Ich mache es für meinen Sohn, und du für ....

c. Wir rufen unsere Eltern an, und ihr ....

d. Ich schreibe meiner Mutter, und Sie ....

e. Du bleibst bei deinem Bruder, und er bei ....

Traducir *solo/solamente*

Aquí tienes otro ejemplo que demuestra cuánto les gusta la precisión a los alemanes. En función del contexto, se utiliza **erst** o **nur** que, por sí mismos, pueden modificar el sentido de la frase:

- **erst quantitatif** indica una restricción provisional que cambiará con el tiempo:
  - **Er ist erst fünf Jahre alt.** *Solo tiene cinco años. (Pero va a crecer.)*
  - **Ich habe erst zehn Seiten gelesen.** *Solamente he leído diez páginas. (Pero voy a leer más.)*
- **nur quantitatif** indica una restrición definitiva:
  - **Ich kann nur einen Tag bleiben.** *Solo me puedo quedar un día. (Y no más.)*
  - **Ich habe nur zehn Seiten gelesen.** *Solamente he leído diez páginas. (Y aquí lo dejo.)*

En el caso del último ejemplo, observa la diferencia con: **Ich habe erst zehn Seiten gelesen** *(ver aquí arriba).*

- **erst** hace referencia a una cierta espera del locutor y expresa la idea de «no antes de»:
  - **Er kommt erst am Sonntag.** *No viene antes del domingo. (Pero lo habíamos esperado antes.)*

Observa la expresión para indicar la hora: **Es ist erst 10 Uhr.**
Solo son las 10. / No son más que las 10.

6 ¿Erst o nur ?

a. Wir haben Zeit. Es ist .... 7 Uhr.

b. Ich brauche .... 5 Minuten bis zur Schule.

c. Bist du mit dem Buch fertig. – Nein, ich habe .... ein Kapitel gelesen.

d. Leider habe ich .... eine Woche Urlaub.

e. Sie war .... 17, als sie ihn heiratete.

f. Ich habe .... 5 Euro bei mir.

7 Explica la diferencia de significado entres las frases siguientes.

a. Wir sind erst 100 km gefahren. / Wir sind nur 100 km gefahren.

➜ .... /
....

b. Er hat erst eine Seite geschrieben. / Er hat nur eine Seite geschrieben.

➜ .... /
....

c. Er kommt erst morgen. / Er kommt nur morgen.

➜ .... /
....

Traducir *principio/medio/final*

Der Anfang *(el principio)*, **die Mitte** *(el medio)* y **das Ende** *(el final)* se utilizan de diferente manera en función de lo que indican:

- solos, sin preposición ni artículo, con las fechas, los nombres de los meses y para indicar una edad aproximada: **Wir sind Ende 2011 umgezogen. / Ich komme Mitte Juni. / Er ist Anfang fünfzig.**
- con **am** o **in der** cuando están asociados con un complemento en genitivo: **am Anfang / in der Mitte / am Ende des Films**. Combinados con un complemento de tiempo, también pueden emplearse sin nada: **Dies geschah (am) Anfang / (in der) Mitte / (am) Ende des Jahres.**
- **Anfang/Ende** sin complemento deben estar precedidos de **am**. Corresponden a los giros españoles *al principio... y al final...*: **Am Anfang war alles in Ordnung.**
- **Anfang, Mitte, Ende** se asocian igualmente con otras preposiciones como **gegen** *(hacia)*, **seit** *(desde)*, etc.: **Seit Anfang des Sommers ist er arbeitslos. / Es war gegen Ende der neunziger Jahre.**

8 Traduce las siguientes frases.

a. Le vi al comienzo de la semana. ➜ ....

b. Ella tiene unos 35 años. ➜ ....

c. Al final, fue mejor. ➜ ....

d. Ha trabajado desde mediados de diciembre. ➜ ....

e. Se casaron a finales de junio. ➜ ....

f. Es **(es steht)** al principio del libro. ➜ ....

9 Traduce las siguientes frases.

a. Es ist zu Ende. ➜ ....

b. Ich war vom Anfang bis zum Ende da. ➜ ....

c. Ich bin am Ende meiner Kräfte. ➜ ....

d. Aller Anfang ist schwer. ➜ ....

e. Ich könnte ohne Ende essen. ➜ ....

f. Es nimmt kein Ende zu. ➜ ....

Sobre la familia

Algunos términos te resultarán familiares y otros no, por eso vamos a hacer este repaso.

Die Schwiegerfamilie es *la familia política* y la gran mayoría de las palabras que describen a la familia política se construyen con el sufijo **Schwieger-** ➜ **die Schwiegertochter** *la nuera,* etc. Dos de ellas son derivadas ➜ **der Schwager** *el cuñado* y **die Schwägerin** *la cuñada.*

Die Enkelkinder son *los nietos*, de ahí **der Enkel(-)** *el nieto* y **die Enkelin(nen)** *la nieta.* **Der Neffe(n)** es *el sobrino* y **die Nichte(n)** *la sobrina.* El prefijo **Ur-** significa *más antiguo*, por ejemplo, **die Urgroßeltern** *los bisabuelos.*

10 Completa las frases con los siguientes miembros de la familia.

die Schwiegereltern die Kusine die Schwägerin der Onkel der Enkel der Schwiegervater die Tante der Schwager DIE ENKELIN die Enkelkinder die Schwiegermutter der Kusin der Neffe (x2) die Nichte die Großeltern der Urgroßvater

a. Die Tochter meiner Schwester ist meine .... und ihr Sohn ist mein .... Der Sohn meines Bruders ist auch mein ....

b. Die Mutter meines Mannes ist meine .... und der Vater ist mein .... Beide sind meine ....

c. Mein Mann hat eine Schwester. Das ist meine .... Er hat auch einen Bruder. Das ist mein ....

d. Der Bruder meiner Mutter ist mein .... und die Schwester meiner Mutter ist meine ....

e. Der Bruder meiner Mutter hat eine Tochter und einen Sohn. Das sind meine .... und mein ....

f. Die Eltern meiner Mutter und meines Vater sind meine ....

g. Der Vater des Vaters meines Vaters ist mein ....

h. Meine Tochter ist die .... meiner Mutter und mein Sohn ist ihr ....

i. Meine Tochter hat 3 Kinder und mein Sohn 2, also habe ich 5 ....

Sobre el matrimonio

»Verliebt, verlobt, verheiratet.« (*Enamorados, novios, casados)* es una expresión alemana. ¿Sería más actual si añadiéramos **geschieden** *(divorciados)?* Pero antes de pasar a las estadísticas sobre la vida conyugal, ¿conoces los términos **das Brautpaar, der Bräutigam, die Braut, das Brautkleid** y **der Ehering**? Completa las casillas a modo de test.

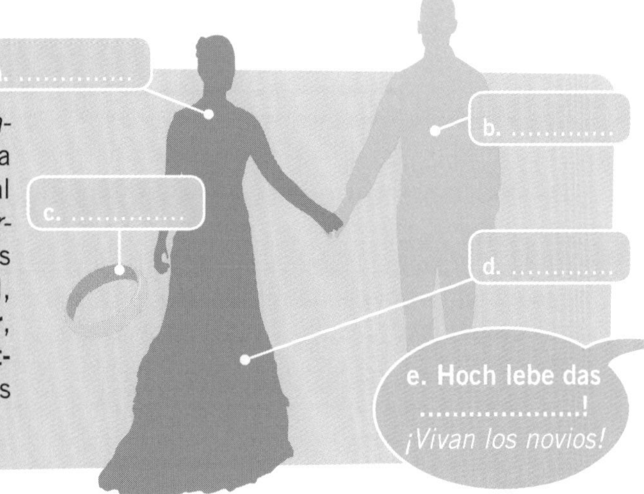

II Completa estas estadísticas utilizando el vocabulario de aquí abajo.

a. 53% der Deutschen sind verheiratet. Männer .... im Schnitt *(de media)* mit 33,2 Jahren und Frauen mit 30,3 Jahren.

b. 27,7% der Frauen wünschen sich, dass der Mann einen .... macht.

c. In den letzten 50 Jahren hat sich die .... stark erhöht *(aumentar mucho)*. In den fünfziger Jahren gab es im Schnitt 8 .... für 1 Scheidung, heute lassen sich 40 bis 50% der Ehepaare scheiden. Meistens lassen sie sich nach 10 bis 15 Jahren .... scheiden.

d. In 53% der Familien lebt nur ein minderjähriges *(menor)* Kind, und die Frauen .... zwischen 28 und 29 Jahren. (im Schnitt)

e. Und nun eine wichtige Frage. Sind die Deutschen romantisch? Ja, denn 55% glauben an .... und 72% an die Liebe fürs Leben. Und Sie?

- *die Liebe auf den ersten Blick (flechazo)*
- *Hochzeiten (matrimonios)*
- *heiraten (casarse)*
- *ihr erstes Kind bekommen (tener su primer hijo)*
- *die Scheidungsrate (la tasa de divorcios)*
- *der Heiratsantrag (pedir en matrimonio)*
- *die Ehe (la vida conyugal)*

Bravo, ¡has llegado al final del capítulo 18! Ahora debes contabilizar los iconos y trasladar el resultado a la página 128 para la evaluación final.

19

Pronombres relativos

Declinaciones y uso de los pronombres relativos (regla básica)

El pronombre relativo deriva del artículo definido **der**, **die**, **das** y se mantiene muy cerca de sus formas. Solo el dativo plural y todos los casos del genitivo presentan diferencias *(ver declinaciones página 121)*. Por otro lado, la oración de relativo se construye como una subordinada y se separa sistemáticamente de la proposición principal por comas.

El pronombre relativo concuerda en género y número con su antecedente y lleva en el caso correspondiente a su función en la oración de relativo. Como en español, puede ir precedido de una proposición.

- Oración de relativo sin preposición:
  - **Der Junge**, der **bei uns wohnt, kommt aus Rom. / der Junge** = **masc. sing.** y **nominativo** en la oración de relativo ➜ **der**
  - **Die Frau**, der **du das Buch geschenkt hast, hat angerufen. / die Frau** = **fem. sing.** y **dativo** en la oración de relativo ➜ **der**
- Oración de relativo con preposición:
  - **Der Junge**, mit dem **du im Kino warst, ist mein Freund. / der Junge** = **masc. sing.** y **mit + dativo** en la oración de relativo ➜ **dem**

Atención: Cuando el antecedente es un nombre geográfico, se emplea obligatoriamente **wo** (locativo), **wohin** (dirección) y **woher** (procedencia): **Er arbeitet in Dresden, woher seine Familie kommt. / Er arbeitet in Dresden, wo auch ich gearbeitet habe.**

El pronombre relativo también puede (pero no es obligatorio) utilizarse cuando el antecedente es un lugar en general:

- **Das ist das Restaurant, in dem wir gestern waren. Das ist das Restaurant, wo wir gestern waren.**

1 Completa las proposiciones relativas.

a. Der Anzug, ... du gestern getragen hast, ist sehr schön.

b. Er möchte nach München, ...auch seine Geschwister studieren.

c. Kennst du den Jungen, in .... Sabine verliebt ist?

d. Die Leute, mit .... ich gesprochen habe, waren sehr freundlich.

e. Wer ist das Mädchen, ... gestern bei dir war?

2 **Reescribe los ejemplos con las proposiciones relativas introducidas por *wo, wohin* o *woher*.**

a. Das Bett, in dem ich schlafe, ist nicht breit.

→ ....

b. Die Stadt, aus der ich komme, liegt im Norden.

→ ....

c. Das Restaurant, in das ich gehen wollte, hat zu.

→ ....

d. Das ist ein kleines Kino, in dem gute Filme laufen.

→ ....

SPEISEKARTE

Significado de los pronombres

La oración de relativo en genitivo es un poco particular: los pronombres **dessen** (antecedente masculino y neutro) y **deren** (antecedente femenino y plural) se colocan delante del nombre del que son complemento y, por otra parte, este nombre no lleva artículo. Se traducen por *cuyo, cuya...* o bien *del cual...* → **Dieser Junge, dessen Vater Sportlehrer ist, hat das Rennen gewonnen.** *El niño cuyo padre es el profesor de deporte ganó la carrera.*

3 **Añade el pronombre relativo que convenga en estas proposiciones relativas en genitivo.**

a. Sabine, ... Schwester du getroffen hast, spielt im Orchester.

b. Der Schriftsteller, ... Roman mir sehr gefallen hat, kommt heute in unsere Schule.

c. Die Kinder, ... Eltern kein Auto haben, können mit dem Bus fahren.

d. Peter, ... Vater als Übersetzer arbeitet, kann acht Sprachen.

4 **Traduce estas frases.**

a. Pedro es un alumno del cual estoy muy contento. **(zufrieden mit)**

→ ....

b. ¿Conoces un autor cuyo nombre comienza por D? **(der Schauspieler)**

→ ....

c. Es la película que ganó un Óscar. **(der Oscar)**

→ ....

d. Él vive en Heidelberg donde yo trabajé durante 5 años. **(5 Jahre lang)**

→ ....

Pronombres relativos wer y was

- **Wer** y **was** corresponden a *quien / (el) que* y se utilizan para las personas **(wer)** o las cosas **(was)** indeterminadas. Sus formas son las mismas que las del pronombre interrogativo y no se pueden reemplazar por **der**, **die**, **das**:
  - **Wer zu viel Alkohol trinkt, wird nicht mit dem Auto zurückfahren können.** *Quien beba mucho alcohol no podrá regresar en coche.*
  - **Was du gesehen hast, gefällt mir nicht.** *Lo que has visto no me gusta.*
- **Was** es obligatorio detrás de los indefinidos **alles** *(todo)*, **nichts** *(nada)*, **vieles** *(mucho de)*, **etwas** *(algo)* y detrás del demostrativo **das**: **Das ist alles, was ich habe. / Das ist nicht genau das, was ich brauche.**
- **Was** también es obligatorio detrás de un superlativo cuando este va colocado directamente antes de la coma:
  - **Das ist das Schönste, was ich gesehen habe.**
    1 2
  - Pero: **Das ist das schönste Bild, das ich gesehen habe.**
    1 2 3

5 Completa con *wer*, *was* o un pronombre relativo.

a. .... er da gemacht hat, gefällt mir nicht.

b. .... gehen will, kann gehen.

c. Das ist etwas, ... ich nicht verstehe.

d. Das, ... du siehst, ist der Eiffelturm.

e. Das ist das billigste Hotel, ... ich gefunden habe.

f. .... nicht wagt *(ose/tente)*, der gewinnt nicht.

g. Hast du alles, ... du brauchst.

El pronombre demostrativo der, die, das

Se declina como el pronombre relativo y se traduce en función del caso por *ese* o *lo*... Se utiliza generalmente en nominativo, en acusativo y en dativo, pero rara vez en genitivo. Como en español, su función es acentuar el nombre al que se refiere: **Den habe ich schon irgendwo gesehen.** ➜ *A ese, ya lo he visto en alguna parte.* **/ Uta hat einen Rotwein gekauft; der schmeckt gut.** ➜ *Uta ha comprado un vino tinto; es bueno.*

6 Completa con el pronombre demostrativo que convenga.

a. Heute kommt meine Freundin Susi. – .... kenne ich doch.

b. Unsere deutschen Freunde sind zu Besuch; .... haben wir heute Versailles gezeigt.

c. Soll ich Peter zum Essen einladen. – Bitte nicht! .... mag ich überhaupt nicht.

d. Ich habe seinen letzten Roman gelesen; .... empfehle ich dir.

e. Unser Nachbar ist zum Glück ausgezogen. .... war so unfreundlich.

Traducir *poner*

Este verbo tiene muchos significados en español y la traducción alemana variará en función de ellos. Aquí tienes varios ejemplos:

- **stellen** es la traducción del sentido estricto del término *poner*: **Wir stellen die Lampe an die Wand.** *Ponemos la lámpara junto a la pared.* Hay que tener cuidado con este verbo porque implica el sentido vertical.
- **aufstellen** significa *poner* en el sentido de *alzar, levantar, montar*: **Du hast den Weihnachtsbaum schon aufgestellt.** *Ya has puesto (montado) el árbol de Navidad.* Atención, este verbo es separable.
- **(sich) anziehen** significa *ponerse algo de ropa*: **Heute habe ich einen warmen Pulli angezogen.** *Hoy me he puesto un jersey caliente.* Atención, este verbo se puede usar en su forma reflexiva o no.
- **legen** significa *poner huevos* (la gallina): **Die Henne hat gerade ein Ei gelegt.** *La gallina acaba de poner un huevo.*
- **jm. eine Spritze geben** significa *poner una inyección a alguien*: **Der Arzt hat mir gestern eine Spritze gegeben.** *El médico me puso ayer una inyección.*

7 Completa con una de las variantes alemanas del verbo *llegar.*

a. Wie viele Eier hat die Henne gestern ....?

b. Wir müssen immer die Kegel ...., wenn das Spiel zu Ende ist.

c. Weißt du, wann die Krankenschwester dir die Spritze ....

d. Wir können den Schrank an die Wand ....

e. Im Sommer können wir schöne Kleider ....

8 Traduce las siguientes frases.

a. ¡Pon el libro en la estantería! ➜ ....

b. Mi perro puso sus orejas en punta. ➜ ....

c. ¿Qué te has puesto hoy? ➜ ....

d. Hoy no ha puesto ningún huevo mi gallina. ➜ ....

e. ¿Dónde tengo que ponerte la inyección? ➜ ....

Sobre la meteorología, los meses y las estaciones

Algunas frases o palabras claves relativas a la meteorología: **Wie ist das Wetter?** *¿Qué tiempo hace?* **/ Habt ihr schönes Wetter?** *¿Tenéis buen tiempo?* **Der Wetterbericht** significa *parte meteorológico,* **die Wettervorhersage** *previsiones meteorológicas* y **bei schechtem/schönem Wetter** *con mal/buen tiempo.* Si te interesa en concreto el tiempo que hace normalente en el mes de enero en Austria, debes saber que *enero* se dice **Jänner** mientras que los alemanes emplean una palabra ligeramente distinta que veremos en uno de los ejercicios que hay a continuación.

9 Indica los números de las frases expresiones que corresponden a los dibujos. Algunas pueden valer para más de un dibujo.

1. Die Sonne scheint.
2. Es ist kalt.
3. Es ist warm.
4. Es ist nebelig.
5. Es schneit.
6. Es ist windig.
7. Es regnet.
8. Es ist bewölkt
9. Es ist vereist.
10. Es ist heiß.
11. Es gibt ein Gewitter.
12. Er macht ein Gesicht wie drei Tage Regenwetter.
13. Bei diesem Wetter jagt man keinen Hund vor die Tür. *(cazar delante de la puerta)*

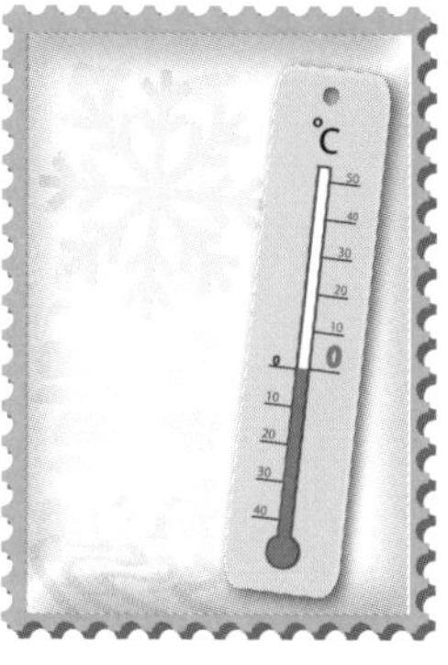

a. n.° ....

b. n.° ....

c. n.° ....

d. n.° ....

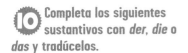

10 Completa los siguientes sustantivos con *der*, *die* o *das* y tradúcelos.

a. .... Hitze → ....

b. .... Klima → ....

c. .... Regen → ....

d. .... Temperatur → ....

e. .... Schnee → ....

f. .... Glatteis → ....

g. .... Hagel → ....

h. .... Wind → ....

i. .... Blitz → ....

j. .... Wetter → ....

k. .... Regenbogen → ....

l. .... Donner → ....

11 Crucigrama: traduce.

↓ Vertical
3J Luna
5F Sol
6J aire
8D Tierra
10A planeta

→ Horizontal
6D estrella
4G nube
1J cielo

	1	2	3	4	5	6	7	8	9	10
A										
B										
C										A
D								E		
E										
F										
G				W						
H										
I					N					
J	H									
K						U				
L										
M			D							

12 Completa los meses y las estaciones con las letras que convengan.

a. _ A _ U A _

b. _ E _ _ U A _

c. _ Ä _ _

d. A _ _ I _

e. _ A I

f. _ U _ I

g. _ U _ I

h. A U _ U _ _

i. _ E _ _ E _ _ E _

j. O _ _ O _ E _

k. _ O _ E _ _ E _

l. _ E _ E _ _ E _

m. F R _ H L _ N G

n. S _ M M _ R

o. H _ R B S T

p. W _ N T _ _

Bravo, ¡has llegado al final del capítulo 19! Ahora debes contabilizar los iconos y trasladar el resultado a la página 128 para la evaluación final.

20

La comparación

Comparativo y superlativo

Distinguimos el comparativo de igualdad, el de superioridad y el superlativo. Por otro lado, la regla varía ligeramente entre un adjetivo atributo o un adverbio y un adjetivo epíteto.

- En el caso de un adjetivo atributo o de un adverbio:
  - el comparativo de igualdad se construye con **so + adjetivo atributo / adverbio + wie...** ➜ **Paul ist so groß wie ich.** *Pablo es tan grande como yo.*
  - comparativo de superioridad se emplea para comparar dos (grupos de) personas / cosas y se construye con un **adjetivo atributo / adverbio + terminación -er +** a veces una inflexión sobre la **a**, **o** o **u**; *que* se traduce entonces por **als** ➜ **Paul ist älter (als ich).** *Pablo es mayor (que yo).*
  - el superlativo se emplea para comparar tres o más (grupos de) personas / cosas y se construye con **am + adjetivo atributo / adverbio + terminación -sten**. Los adjetivos que llevan una diéresis en el comparativo de superioridad también la llevan en el superlativo ➜ **Am jüngsten (von allen) ist Paul./Paul ist am jüngsten (von allen).** *Pablo es el más pequeño (de todos).*
- En el caso de un adjetivo epíteto:
  - el comparativo de superioridad se construye con el **adjetivo + -er + desinencia del adjetivo epíteto** ➜ **Ich nehme die kleinere Tasche.** *Yo cojo la bolsa más pequeña. (se sobreentiende que de las dos).*
  - el superlativo se construye con el **adjetivo + -st + desinencia del adjetivo epíteto** ➜ **Ich nehme die kleinste Tasche.** *Yo cojo la bolsa más pequeña. (se sobreentiende que de tres o más).*
- Atención a las siguientes irregularidades: **gern, gut, hoch, nah** y **viel.**

klein	kleiner	am kleinsten
jung	jünger	am jüngsten
gern	lieber	am liebsten
gut	besser	am besten
hoch	höher	am höchsten
nah	näher	am nächsten
viel	mehr	am meisten

1 Completa la tabla.

Comparativo de igualdad	Comparativo de superioridad	Superlativo
.... wie ich.	.... als ich.	Paul ist am dicksten von allen.
Sabine ist so schlank wie ich.	.... als ich.	.... von allen.
.... wie ich.	Ana ist schneller als ich.	.... von allen.

2 Escribe los adjetivos en comparativo de superioridad o en superlativo.

a. Es gibt viele Modelle. Welches möchte er? – Er möchte das .... Modell. **(klein)**

b. Fahren wir mit dem Bus oder dem Zug? – Was ist ....? **(billig)**

c. Der Nil ist mit 6671 Km der .... Fluss der Welt. **(lang)**

d. Mit 828 Metern ist der Burj Khalifa der .... Turm der Welt. **(hoch)**

e. Es gibt einen Zug um 9 Uhr oder um 11 Uhr. Ich nehme den .... Zug. **(früh)**

f. Von uns allen hast du .... gegessen. **(viel)**

Particularidades fonéticas

- Los adjetivos en **-el**, y algunos en **-er** añaden una **e** en el comparativo de superioridad: **edel → edler** *(noble)*...
- Los adjetivos o adverbios en **-d**, **-t**, **-s**, **-ss**, **-ß**, **-z**, **-sch** añaden una **e** intercalada en el superlativo: **breit → am breitesten**. No obstante, hay excepciones como **groß** y **spannend** *(interesante/conmovedor)*: **am größten / am spannendsten.**

3 Escribe los adjetivos en comparativo de superioridad o en superlativo.

a. Die Zugfahrt war .... als der Flug. **(teuer)**

b. Sabine ist die .... Schülerin der Klasse. **(hübsch)**

c. Du musst leider am .... fahren. **(weit)**

d. Ich nehme die .... Schuhe. **(dunkel)** *(elegir entre dos pares)*

e. Mit 104 Jahren ist sie eine der .... Frauen der Welt. **(alt)**

f. Es ist einer der .... Weißweine. **(süß)**

gern, lieber, am liebsten

Se combinan con muchos verbos y permiten expresar un gusto, una preferencia o un sentimiento de afecto.

- **jn/etw. gern / lieber / am liebsten + haben** significa *gustar alguien / algo / preferir.* Aquí hay que hacer también una distinción entre una comparación que implica a dos (grupos de) personas/cosas **(lieber)** y una comparación que implica a tres o más (grupos de) personas/cosas **(am liebsten)**.

  → **Ich habe Susi gern.** *Me gusta Susi.* / **Ich habe Ana lieber (als Susi).** *Yo prefiero a Ana (que a Susi)* / **Am liebsten habe ich Paula.** *Prefiero a Paula (antes que a todas las otras chicas).* Se trata de un matiz gramatical que el español no tiene.

- **gern/lieber/am liebsten + otro verbo distinto de haben**.

  → **Ich esse gern spät.** *Me gusta comer tarde.* / **Ich trinke lieber Bier als Weißwein.** *Prefiero beber cerveza que vino blanco.* / **Aber am liebsten trinke ich Rotwein.** *(Lo que) Prefiero beber (es) vino tinto.* (preferencia entre tres bebidas mínimo)

Observa en lo que se refiere a la sintaxis:

- **am liebsten** con frecuencia va al principio de la frase.
- el complemento se coloca generalmente detrás de **gern** o **lieber** si se trata de un nombre y delante de **gern** o **lieber** si se trata de un pronombre personal. En el caso de **gern/lieber haben**, el complemento se coloca casi siempre delante.
- **nicht** se coloca delante de **gern** y **lieber**, son pocas las frases negativas con **am liebsten**→ **Ich trinke nicht gern Bier.**

4 **Traduce las siguientes frases.**

a. Me gusta caminar. **(zu Fuß gehen)**

→ ....

b. ¿Prefieres ir en tren o en coche? **(mit dem Zug/dem Auto fahren)**

→ ....

c. Me gusta leer.

→ ....

d. Prefiero quedarme en casa. *(se sobreentiende que en lugar de ir al cine, a un restaurante...)*

→ ....

5 ¿Gern, lieber o am liebsten?

a. Ich habe Kino .... als Theater, aber .... habe ich Ballett.

b. Hast du Fußball ....?

c. Welches Land in Europa hast du ....?

d. Was hast du ....? Tee oder Kaffee

6 Crucigrama sobre los gustos.

↓ Vertical
1D querida, apreciada
3C gustar
5F amor
7A odiar

→ Horizontal
1F querido/a (sustantivo)
3J gustar
5A tesoro

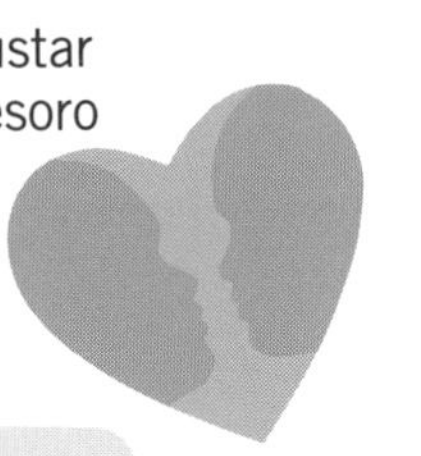

	1	2	3	4	5	6	7	8	9	10
A					S					Z
B							A			
C										
D	B									
E										
F	L							G		
G										
H										
I										
J	T									

Traducir *cuanto más..., más... /cuanto menos..., menos...*

Je mehr..., desto/um so mehr... significa *cuanto más..., más...*

Je weniger..., desto/um so weniger... significa *cuanto menos..., menos...*

Pueden construirse solos o con un sustantivo → **Je mehr ich esse, desto/um so mehr möchte ich essen. / Je mehr Schokolade er isst, desto/um so weniger Schokolade haben wir**.
Atención a la sintaxis: en la primera parte de la frase, el verbo conjugado está al final de la frase y, en la segunda parte, después de **desto/um so mehr** o **weniger (+ sustantivo)**.

7 Completa las frases con *mehr o weniger.*

a. Je mehr du arbeitest, desto/um so .... Zeit hast du.

b. Je mehr Leute du einlädst, desto/um so .... musst du kochen.

c. Je .... Geld du verdienst, um so mehr gibst du aus.

d. Je mehr du heute arbeitest, desto/um so .... musst du morgen arbeiten.

Traducir *¿Qué tipo(s) de...?*

Was für ein(e)...? en singular, **was für...?** en plural y **ein(e)** se declinan como el artículo indefinido. Atención, aquí **für** no es una preposición; así pues el caso de un grupo nominal que vaya detrás de **was für** depende de su función en la proposición y no de ese **für** que debería regir acusativo:

- **Was für ein Wagen ist das?** ➜ el grupo nominal es sujeto, así que va en nominativo masculino porque **Wagen** es masculino.
- **Mit was für einem Wagen seid ihr gefahren?** ➜ **mit** implica un grupo nominal en dativo, en este caso dativo masculino.
- **Was für Wagen sind das? / Mit was für Wagen seid ihr gefahren?** ➜ son los mismos ejemplos, pero en plural.

8 **Forma preguntas con *was für...* como en el ejemplo.**

Ejemplo: Ich habe alte Filme gern.
➜ Was für Filme hast du gern?

a. Ich habe ein kleines Auto.

➜ ....

b. Ich lese gern Geschichtsbücher.

➜ ....

c. Ich bin mit einer kleinen Maschine geflogen.

➜ ....

d. Ich gehe lieber in ein typisches Restaurant.

➜ ....

Traducir *¿qué...?/¿cuál...?*

- **welch-** con un sustantivo se traduce por *qué...*: **Es gibt zwei Computer. Welchen Computer möchtest du?** *¿Qué ordenador quieres?*
- **welch-** sin sustantivo se traduce por *cuál...*: **Welchen möchtest du?** *¿Cuál quieres?*

En los dos casos, se declinan bajo el mismo modelo del artículo definido *(ver la página 121)*.

Como en español, **welch-** puede ir precedido de una preposición: **Mit welchem Computer arbeitest du? / Mit welchem arbeitest du?** *¿Con qué ordenador trabajas tú? / ¿Con cuál trabajas tú?*

Observa que **welch-** prácticamente no se utiliza en genitivo.

9 **Forma preguntas con *welch-* como en en ejemplo.**
Ejemplo:Ich kenne den jüngeren Sohn ➜ Welchen (Sohn) kennst du?

a. Ich nehme meistens die Linie 5. ➜ ....

b. Ich war auf der deutschen Schule. ➜ ....

c. Ich lese oft die Süddeutsche Zeitung. ➜ ....

d. Ich gehe oft zum Bäcker in der Wilhelmstraße. ➜ ....

10 Traduce las siguientes frases.

a. ¿En qué periódico trabajas? → ....

b. ¿Con qué profesor estudias alemán? → ....

c. ¿En qué empresa trabaja él? **(die Firma)** → ....

d. No sé qué tren ha tomado. → ....

e. ¿Qué libros son para mí? → ....

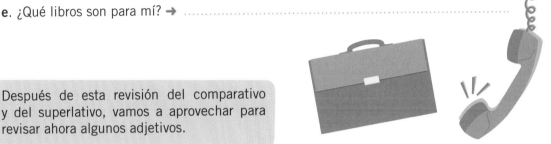

Después de esta revisión del comparativo y del superlativo, vamos a aprovechar para revisar ahora algunos adjetivos.

11 Escribe el contrario de:

schnell – sauer – böse – trocken – glücklich – dick – leicht – leise

a. lieb ≠ ....

b. langsam ≠ ....

c. schlank ≠ ....

d. nass ≠ ....

e. laut ≠ ....

f. süß ≠ ....

g. traurig ≠ ....

h. schwer ≠ ....

12 ¿Qué adjetivos se colocan detrás?

a. die Gesundheit / die Krankheit

→ ....

b. die Stärke / die Schwäche

→ ....

c. der Fleiß / die Faulheit

→ ....

d. die Intelligenz / die Dummheit

→ ....

Bravo, ¡has llegado al final del capítulo 20! Ahora debes contabilizar los iconos y trasladar el resultado a la página 128 para la evaluación final.

Números ordinales y cardinales

Números ordinales

0 null	21 einundzwanzig
1 eins	22 zweiundzwanzig
2 zwei	30 dreißig
3 drei	40 vierzig
4 vier	50 fünfzig
5 fünf	60 sechzig
6 sechs	70 siebzig
7 sieben	80 achtzig
8 acht	90 neunzig
9 neun	100 (ein)hundert
10 zehn	101 einhunderteins
11 elf	200 zweihundert
12 zwölf	350 dreihundertfünfzig
13 dreizehn	1 000 (ein)tausend
14 vierzehn	1 500 tausendfünfhundert
15 fünfzehn	10 000 zehntausend
16 sechzehn	100 000 hunderttausend
17 siebzehn	1 000 000 eine Million
18 achtzehn	1 000 100 000 eine Milliard hunderttausend
19 neunzehn	
20 zwanzig	

Observa que se indica primero la unidad y luego la decena, y que los números se escriben juntos hasta el 999 999. Por otro lado, coma se dice **Komma**.

Números ordinales

- De 1 a 19: **cifra/número + t + marca del adjetivo → 2. = der zweite; 4. = der vierte; 19. = der neunzehnte.** Hay algunas irregularidades → **der erste (1.), der dritte (3.), der siebte (7.)** y **der achte (8.)**
- A partir del 20: **número + st + marca del adjetivo → der zwanzigste**; **der fünfundvierzigste; der tausendste...**

Atención: para las fechas, los siglos y los títulos (rey, papa...), se utilizan también los números ordinales **→ Ludwig XIV. = Ludwig der Vierzehnte.**

1 Escribe estos números en letras.

a. 17,25

→ ....

b. 860

→ ....

c. 1.400 000

→ ....

2 Escribe con todas las letras.

a. zum 10. Mal

→ ....

b. im 21.Jahrhundert

→ ....

c. Papst Paul VI.

→ ....

La fecha

- Hay muchas formas de preguntar **das Datum** *(la fecha)*; pueden formularse en nominativo o en acusativo y siempre con los números ordinales: **Welcher Tag/Der Wievielte ist heute? Heute ist Montag, der 2. Mai. / Welchen Tag/Den Wievielten haben wir heute? Heute haben wir Montag, den 2. Mai.**
- Para precisar la fecha de un acontecimiento, se utiliza la preposición **am**: **Wann/Am Wievielten ist er geboren? Er ist am 3. Mai geboren.** Y para precisar el día, se utiliza la preposición **am** seguida de **den** o **dem** (los dos son gramaticalmente correctos): **Er ist am Montag, den/dem 3. Mai geboren.**
- Para indicar el mes o la estación, se utiliza la preposición **im**: **Es war im Juli/im Sommer.**
- Para indicar el año, se dice solo **zweitausendzwölf** o bien **im Jahr 2012** aunque el anglicismo **in 2012** sea cada vez más corriente.
- Para indicar las fiestas, se utiliza o bien la preposición **an** o bien **zu**: **Wo seid ihr an/zu Ostern?**

3 Completa los días de la semana.

a. M . . . . .

b. D _ _ _ _ _ _ _

c. M _ _ _ _ _ _

d. D _ _ _ _ _ _ _ _ _

e. F _ _ _ _ _ _

f. S _ _ _ _ _ _

g. S _ _ _ _ _ _

4 Responde a las preguntas con las fechas indicadas escritas en letra.

a. Wann bist du angekommen? **(16. Juli)**

→ ....

b. Was für ein Datum ist heute? **(29. Februar)**

→ ....

c. Wann warst du in Berlin? **(Mai 2012)**

→ ....

d. Wann haben sie geheiratet? **(Samstag, 15. Mai)**

→ ....

e. Wann fahrt ihr weg? **(Weihnachten)**

→ ....

Bravo, ¡has llegado al final del capítulo 21! Ahora debes contabilizar los iconos y trasladar el resultado a la página 128 para la evaluación final.

Tabla de conjugación

INDICATIVO

IMPERATIVO

Auxiliares, verbos regulares e irregulares

	Presente		Pretérito		Perfecto		Futuro		Imperativo	
SEIN	bin bist ist	sind seid sind	war warst war	waren wart waren	bin gewesen bist gewesen ist gewesen	sind gewesen seid gewesen sind gewesen	werde sein wirst sein wird sein	werden sein werdet sein werden sein	sei! seien wir!	seid! seien Sie!
HABEN	habe hast hat	haben habt haben	hatte hattest hatte	hatten hattet hatten	habe gehabt hast gehabt hat gehabt	haben gehabt habt gehabt haben gehabt	werde haben wirst haben wird haben	werden haben werdet haben werden haben	hab(e)! haben wir!	habt! haben Sie!
WERDEN	werde wirst wird	werden werdet werden	wurde wurdest wurde	wurden wurdet wurden	bin geworden bist geworden ist geworden	sind geworden seid geworden sind geworden	werde werden wirst werden wird werden	werden werden werdet werden werden werden	werde! werden wir!	werdet! werden Sie!
LERNEN	lerne lernst lernt	lernen lernt lernen	lernte lerntest lernte	lernten lerntet lernten	habe gelernt hast gelernt hat gelernt	haben gelernt habt gelernt haben gelernt	werde lernen wirst lernen wird lernen	werden lernen werdet lernen werden lernen	lern(e) lernen wir!	lernt! lernen Sie!
FAHREN	fahre fährst fährt	fahren fahrt fahren	fuhr fuhrst fuhr	fuhren fuhrt fuhren	bin gefahren bist gefahren ist gefahren	sind gefahren seid gefahren sind gefahren	werde fahren wirst fahren wird fahren	werden fahren werdet fahren werden fahren	fahr(e)! fahren wir!	fahrt! fahren Sie!

Presente de los verbos modales

mögen		können		müssen		dürfen		wollen		sollen		wissen	
mag	mögen	kann	können	muss	müssen	darf	dürfen	will	wollen	soll	sollen	weiß	wissen
magst	mögt	kannst	könnt	musst	müsst	darfst	dürft	willst	wollt	sollst	sollt	weißt	wisst
mag	mögen	kann	können	muss	müssen	darf	dürfen	will	wollen	soll	sollen	weiß	wissen

Pretérito de los verbos modales

mögen		können		müssen		dürfen		wollen		sollen		wissen	
mochte	mochten	konnte	konnten	musste	mussten	durfte	durften	wollte	wollten	sollte	sollten	wusste	wussten
mochtest	mochtet	konntest	konntet	musstest	musstet	durftest	durftet	wolltest	wolltet	solltest	solltet	wusstest	wusstet
mochte	mochten	konnte	konnten	musste	mussten	durfte	durften	wollte	wollten	sollte	sollten	wusste	wussten

Pretérito de los verbos mixtos

bringen	brennen	denken	kennen	nennen	rennen	senden	wenden
brachte	brannte	dachte	kannte	nannte	rannte	sandte/sendete	wandte/wendete

.../...

Participio pasado de los verbos modales

mögen	können	müssen	dürfen	wollen	sollen	wissen
gemocht	gekonnt	gemusst	gedurft	gewollt	gesollt	gewusst

.../...

Participio pasado de los verbos mixtos

bringen	brennen	denken	kennen	nennen	senden	wenden
gebracht	gebrannt	gedacht	gekannt	genannt	gesandt/gesendet	gewandt/gewendet

.../...

SUBJUNTIVO

Subjuntivo II hipotético (forma compuesta)

kommen	
würde kommen	würden kommen
würdest kommen	würdet kommen
würde kommen	würden kommen

Subjuntivo II irreal

kommen	lernen
wäre gekommen	hätte gelernt
wärst gekommen	hättest gelernt
wäre gekommen	hätte gelernt
wären gekommen	hätten gelernt
wärt gekommen	hättet gelernt
wären gekommen	hätten gelernt

Subjuntivo II hipotético (forma simple)

sein		haben		mögen		können		müssen	
wäre	wären	hätte	hätten	möchte	möchten	könnte	könnten	müsste	müssten
wärst	wärt	hättest	hättet	möchtest	möchtet	könntest	könntet	müsstest	müsstet
wäre	wären	hätte	hätten	möchte	möchten	könnte	könnten	müsste	müssten

dürfen		wollen		sollen		wissen	
dürfte	dürften	wollte	wollten	sollte	sollten	wüsste	wüssten
dürftest	dürftet	wolltest	wolltet	solltest	solltet	wüsstest	wüsstet
dürfte	dürften	wollte	wollten	sollte	sollten	wüsste	wüssten

PASIVA

	Presente	Pretérito	Perfecto
einladen	werde eingeladen wirst eingeladen wird eingeladen werden eingeladen werdet eingeladen werden eingeladen	wurde eingeladen wurdest eingeladen wurde eingeladen wurden eingeladen wurdet eingeladen wurden eingeladen	bin eingeladen worden bist eingeladen worden ist eingeladen worden sind eingeladen worden seid eingeladen worden sind eingeladen worden

Tabla de declinaciones

Declinación regular (tipo I): con artículos definidos y adjetivos demostrativos

	Masculino	Femenino	Neutro	Plural
Nom.	der dieser gute Wein	die diese gute Limonade	das dieses gute Bier	die diese guten Weine
Acusativo	den diesen guten Wein	die diese gute Limonade	das dieses gute Bier	die diese guten Weine
Dativo	dem diesem guten Wein	der dieser guten Limonade	dem diesem guten Bier	den diesen guten Weinen
Genitivo	des dieses guten Weins	der dieser guten Limonade	des dieses guten Biers	der dieser guten Weine

Declinación irregular (tipo II): sin determinantes

	Masculino	Femenino	Neutro	Plural
Nom.	guter Wein	gute Limonade	gutes Bier	gute Weine
Acusativo	guten Wein	gute Limonade	gutes Bier	gute Weine
Dativo	gutem Wein	guter Limonade	gutem Bier	guten Weinen
Genitivo	guten Weins	guter Limonade	guten Biers	guter Weine

Declinación mixta (tipo III): con artículos indefinidos y adjetivos posesivos

	Masculino	Femenino	Neutro	Plural
Nom.	ein mein guter Wein	eine meine gute Limonade	ein mein gutes Bier	— * meine guten Weine
Acusativo	einen meinen guten Wein	eine meine gute Limonade	ein mein gutes Bier	— * meine guten Weine
Dativo	einem meinem guten Wein	einer meiner guten Limonade	einem meinem guten Bier	— * meinen guten Weinen
Genitivo	eines meines guten Weins	einer meiner guten Limonade	eines meines guten Biers	— * meiner guten Weine

*El plural de **ein guter Wein/eine gute Limonade...** corresponde a la declinación fuerte (tipo II) en plural: **gute Weine, gute Limonaden...**

Pronombres personales

Nominativo	ich	du	er	sie	es	wir	ihr	sie	Sie
Acusativo	mich	dich	ihn	sie	es	uns	euch	sie	Sie
Dativo	mir	dir	ihm	ihr	ihm	uns	euch	ihnen	Ihnen

Pronombres reflexivos

Nominativo	ich	du	er	sie	es	wir	ihr	sie	Sie
Acusativo	mich	dich	sich	sich	sich	uns	euch	sich	sich
Dativo	mir	dir	sich	sich	sich	uns	euch	sich	sich

Adjetivos posesivos

	Masc.	Fem.	Neutro	Plural
1.ª pers. sing.	mein	meine	mein	meine
2.ª pers. sing.	dein	deine	dein	deine
3.ª pers. sing. (poseedor masculino/neutro)	sein	seine	sein	seine
3.ª pers. sing. (poseedor femenino)	ihr	ihre	ihr	ihre
1.ª pers. pl.	unser	unsere	unser	unsere
2.ª pers. pl.	euer	eure	euer	eure
3.ª pers. pl.	ihr	ihre	ihr	ihre
Usted	Ihr	Ihre	Ihr	Ihre

Pronombres posesivos

	Masc.	Fem.	Neutro	Plural
1.ª pers. sing.	meiner	meine	mein(e)s	meine
2.ª pers. sing.	deiner	deine	dein(e)s	deine
3ᵉ pers. sing. (poseedor masculino/neutro)	seiner	seine	sein(e)s	seine
3.ª pers. sing. (poseedor femenino)	ihrer	ihre	ihr(e)s	ihre
1.ª pers. pl.	uns(e)rer	uns(e)re	uns(e)res	uns(e)re
2.ª pers. pl.	eu(e)rer	eu(e)re	eu(e)res	eu(e)re
3.ª pers. pl.	ihrer	ihre	ihres	ihre
Usted	Ihrer	Ihre	Ihres	Ihre

Pronombres y adjetivos interrogativos

	¿Quién?	¿Qué?
Nominativo	wer	was
Acusativo	wen	was
Dativo	wem	— *
Genitivo	wessen	— *

Masculino	Femenino	Neutro	Plural
welcher	welche	welches	welche
welchen	welche	welches	welche
welchem	welcher	welchem	welchen
—	—	—	—

* **Was** se utiliza esencialmente en nominativo y en acusativo. Para los demás casos de **was**, se utiliza la forma **wo(r)** + **preposición**.

Pronombres indefinidos

	Masculino	Femenino	Neutro	Plural
Nom.	einer / keiner	eine / keine	ein(e)s / kein(e)s	– / keine
Acusativo	einen / keinen	eine / keine	ein(e)s / kein(e)s	– / keine
Dativo	einem / keinem	einer / keiner	einem / keinem	– / keinen

* (e) = e opcional, generalmente elidida.

Pronombres relativos

	Masculino	Femenino	Neutro	Plural
Nom.	der	die	das	die
Acusativo	den	die	das	die
Dativo	dem	der	dem	denen
Genitivo	dessen	deren	dessen	deren

1. Presente de indicativo

1 **wohnen:** wohne, wohnst, wohnt, wohnen, wohnt, wohnen. **beginnen:** beginne, beginnst, beginnt, beginnen, beginnt, beginnen. **fragen:** frage, fragst, fragt, fragen, fragt, fragen. **fahren:** fahre, fährst, fährt, fahren, fahrt, fahren. **laufen:** laufe, läufst, läuft, laufen, lauft, laufen. **nehmen:** nehme, nimmst, nimmt, nehmen, nehmt, nehmen.

2 **a.** (IR) er sieht. **b.** (R). **c.** (IR) er schläft. **d.** (IR) er fällt. **e.** (R). **f.** (R). **g.** (R). **h.** (IR) er trifft.

3 **1.ª línea** bin, bist, ist, sind, seid, sind. **2.ª línea:** habe, hast, hat, haben, habt, haben. **2.ª línea: 3**werde, wirst, wird, werden, werdet, werden.

4 **a.** finde. **b.** lesen. **c.** bitte. **d.** spricht. **e.** grüßt. **f.** empfiehlst.

5 **a.** sprechen → er/sie/es spricht. **b.** schreiben → er/sie/es schreibt. **c.** trinken → er/sie/es trinkt. **d.** lieben → er/sie/es liebt. **e.** fliegen → er/sie/es fliegt. **f.** reparieren → er/sie/es repariert.

6 **baden:** bade, badest, badet, baden, badet, baden. **reisen:** reise, reist, reist, reisen, reist, reisen. **wechseln:** wechs(e)le, wechselst, wechselt, wechseln, wechselt, wechseln.

7 **a.** ihr antwortet. **b.** er/sie/es zeichnet. **c.** sie verändern. **d.** du liest.

8 **a.** Haben Sie Zeit? **b.** Habt ihr Zeit? **c.** Haben sie Zeit? **d.** Sie haben Zeit.

9 **1.ª línea:** Hallo, wer seid ihr? / Guten Tag, wer sind Sie? **2.ª línea:** Wie heißt ihr? – Paul und Sabine, und ihr? / Wie heißen Sie? – Paul (und Sabine), und Sie? **3.ª línea:** Woher kommt ihr? / Woher kommen Sie? **4.ª línea:** Wo wohnt ihr? / Wo wohnen Sie? **5.ª línea:** Wie lange seid ihr schon in Berlin? / Wie lange sind Sie schon in Berlin? **6.ª línea:** Schön, dass ihr gekommen seid. / Schön, dass Sie gekommen sind. **7.ª línea:**Tschüss! / Auf Wiedersehen!

10 **a.** bald. **b.** morgen. **c.** später. **d.** Nacht. **e.** gleich.

11 **a.** Und ihr? **b.** Mich auch! **c.** Dir nicht! **d.** Du auch! **e.** Und Ihnen?

2. Imperativo

1 **a.** Kommt! **b.** Sing(e) nicht zu laut! **c.** Rufen wir an! **d.** Lest das Buch! **e.** Gehen wir spazieren! **f.** Bleiben Sie da! **g.** Kommt mit! **h.** Kauf(e) Blumen!

2 **a.** Sei bitte pünktlich! **b.** Seien wir ehrlich! **c.** Seid nett zu ihr! **d.** Seien Sie nicht traurig! **e.** Sei vorsichtig!

3 **1f – 2e – 3c – 4d – 5b – 6a – 7g**

4 **1b** (aus). **2e** (rückwärts). **3d** (runter). **4a** (weniger). **5c** (zu)

5 **1.ª línea:** Arbeite schneller! **2.ª línea:** Verändert nichts! **3.ª línea:** Badet nicht jetzt! **4.ª línea:** Ärgere mich nicht! **5.ª línea:** Wechs(e)le 100 Euros! **6.ª línea:**Ladet ihn ein!

6 **a.** Find(e) / Findet. **b.** Schreib(e) / Schreibt. **c.** Lass(e) / Lasst. **d.** Schneid(e) / Schneidet. **e.** Steig(e) / Steigt. **f.** Hab(e) / Habt.

7 **1g – 2a – 3f – 4b – 5d – 6e – 7c.**

8 **1g – 2a – 3b – 4f – 5c – 6d – 7e.**

9 **a.** RUHE! **b.** ACHTUNG! **c.** RAUS! **d.** LOS!

10 **a.** Wald. **b.** Baum. **c.** Blatt. **d.** Blume. **e.** Meer. **f.** la playa. **g.** Sand. **h.** la ola. **i.** Berg. **j.** el arroyo. **k.** la hierba. **l.** la piedra. **m.** la granja. **n.** Tier. **o.** el establo. **p.** el campo.

11 **1c – 2f – 3e – 4b – 5a – 6d.**

12 **a.** der Löwe. **b.** die Katze. **c.** das Schwein. **d.** das Schaf **e.** der Schmetterling. **f.** die Mücke. **g.** der Vogel. **h.** die Maus. **i.** die Kuh. **j.** der Wolf. **k.** die Giraffe. **l.** die Ameise. **m.** das Pferd. **n.** der Hase. **o.** der Fisch. **p.** die Biene. **q.** die Spinne. **r.** die Wespe.

13 **a.** bellen. **b.** miauen. **c.** schwimmen. **d.** fliegen. **e.** brüllen. **f.** stechen.

14 **a.** Tener carraspera. **b.** Tener un hambre canina. **c.** Ser más conocido que el Tato. **d.** Matar dos pájaros de un tiro.

3. Perfecto

1 **a.** gesucht. **b.** gekauft. **c.** gepackt. **d.** geduscht. **e.** gehört.

2 **a.** gesehen. **b.** getrunken. **c.** gefunden. **d.** gelaufen. **e.** genommen. **f.** springen. **g.** helfen. **h.** essen. **i.** bleiben. **j.** gehen.

3 **a.** telefoniert. **b.** abgeschickt. **c.** eingeladen. **d.** angekommen. **e.** versucht. **f.** gehört. **g.** verboten. **h.** repariert.

4 **a.** habe. **b.** sind. **c.** haben. **d.** seid. **e.** hat. **f.** hat.

5 **a.** Er hat viel getrunken. **b.** Er ist schnell gelaufen. **c.** Er hat sich gewaschen. **d.** Es hat geschneit. **e.** Er ist bei mir gewesen. **f.** Er ist gekommen.

6 **a.** Ich habe kein neues Auto. **b.** Sie ist nicht zu schnell gefahren. **c.** Ich habe keine Arbeit. **d.** Ich liebe dich nicht. **e.** Das ist kein Gold. **f.** Ich denke nicht an die Arbeit.

7 **1g – 2e – 3f – 4a – 5d – 6b – 7c.**

8 geboren / gemacht / gegangen / gelernt / gegeben / gewesen / studiert / gemacht / kennen gelernt.

9 **1.** Schmitt. **2.** Robert. **3.** 5.09.1982. **4.** Köln. **5.** deutsch. **6.** verheiratet. **7.** Medizin. **8.** Kinderarzt. **9.** Deutsch, Englisch, Spanisch, Portugiesisch. **10.** Sprachen, Reisen.

10 **a.** color de ojos. **b.** sexo. **c.** válido hasta. **d.** domicilio. **e.** firma del titular. f. tamaño.

11

T	M	A	L	E	N	P	S
U	U	T	O	A	O	F	P
K	S	A	K	S	T	G	O
M	I	N	O	H	E	V	R
B	K	Z	C	I	S	E	T
V	U	E	H	U	A	S	E
O	K	N	E	K	L	A	R
I	S	I	N	G	E	N	U
H	C	E	R	I	S	U	T
R	H	H	S	M	E	I	D
E	A	N	K	I	N	O	D
B	C	M	V	L	H	O	S
B	H	L	M	K	U	L	V

música: Musik
dibujar/pintar: malen
deporte: Sport
cocinar: kochen
cine: Kino
bailar: tanzen
ajedrez: Schach
cantar: singen
leer: lesen

4. Pretérito

1 **1.ª línea:** baute, bautest, baute, bauten, bautet, bauten. **2.ª línea:** sagte, sagtest, sagte, sagten, sagtet, sagten.

2 **1.ª línea:** lief, liefst, lief, liefen, lieft, liefen. **2.ª línea:** log, logst, log, logen, logt, logen.

3 **Infinitivo:** tragen, helfen, schreiben, geben. **1.ª pers. sing.:** nahm, ging, las, flog.

4 **1.ª línea:** war, warst, war, waren, wart, waren. **2.ª línea:** hatte, hattest, hatte, hatten, hattet, hatten. **3.ª línea:** wurde, wurdest, wurde, wurden, wurdet, wurden.

5 **a.** fandet. **b.** zeichnetest. **c.** last. **d.** redeten.

6 **a.** landen ➜ aterrizar. **b.** beten ➜ rezar. **c.** raten ➜ aconsejar. **d.** (sich) streiten ➜ discutir. **e.** bitten ➜ rogar/pedir. **f.** empfinden ➜ sentir.

7 **a.** kennt. **b.** brennt. **c.** nennen. **d.** rennt. **e.** denke.

8 **a.** brannte ➜ gebrannt. **b.** brachte ➜ gebracht. **c.** dachte ➜ gedacht. **d.** kannte ➜ gekannt. **e.** nannte ➜ genannt.

9 **a.** Wenn. **b.** wenn. **c.** wann. **d.** Als.

10 **a.** Cuando nació. **b.** Cuando tenía 20 años. **c.** Cuando aprobó el bachillerato. **d.** Cuando se casó. **e.** Cuando tuvo su primer hijo. **f.** Cuando murió.

11 **a.** Viertel vor sechs / fünf Uhr fünfundvierzig. **b.** zehn nach acht / acht Uhr zehn. **c.** halb drei / vierzehn Uhr dreißig. **d.** Viertel nach fünf / siebzehn Uhr fünfzehn. **e.** fünf nach acht / acht Uhr fünf. **f.** zehn nach drei / fünfzehn Uhr zehn.

12 **a.** um. **b.** gegen. **c.** am. **d.** am. **e.** am. **f.** am. **g.** am. **h.** in der. **i.** Um wie viel Uhr?

13 **a.** heute Abend. **b.** morgen Nachmittag. **c.** gestern Morgen. **d.** heute Nachmittag.

14

										U			A
										H			U
					W	E	C	K	E	R			F
					E			L					W
			W	A	C	H		I		M			A
					K			N		I			C
					E			G		N			H
					N		S	E	K	U	N	D	E
								L		T			N
	Z				S	T	U	N	D	E			
	E				C								
E	I	N	S	C	H	L	A	F	E	N			
	T				L								
					A								
					F								

5. Futuro

1 **a.** Du wirst nach Berlin fliegen. **b.** Wir werden dir helfen. **c.** Er wird anrufen. **d.** Sie werden einen Brief bekommen.

2 **a.** Morgen schreibt sie dir eine Mail. **b.** Am Dienstag machen sie das. **c.** Am Wochenende schneit es.

3 **a.** hell / dunkel. **b.** Elektriker. **c.** spät. **d.** Zeit. **e.** gelb.

4 **a.** Vor dem Essen gehe ich ins Schwimmbad. **b.** *correcta.* **c.** Wenn der Film bis 22 Uhr dauert, gehe ich lieber davor etwas essen. **d.** Essen wir vor oder nach dem Film?

5 **a.** gemacht habe. **b.** gelebt hatte. **c.** ging. **d.** putze.

6 **a.** artesano. **b.** policía. **c.** abogado. **d.** informático. **e.** bombero. **f.** jardinero. **g.** actor. **h.** mecánico. **i.** médico. **j.** enfermero. **k.** peluquero. **l.** asegurador.

7 **a.** die Köchin. **b.** die Sängerin. **c.** die Musikerin. **d.** die Bäckerin. **e.** die Verkäuferin. **f.** die Tänzerin. **g.** die Lehrerin. **h.** die Putzfrau.

8 **a.** Arzt / Krankenschwester. **b.** Lehrer. **c.** Musiker. **d.** Koch. **e.** Mechaniker, Handwerker. **f.** Rechtsanwalt. **g.** Arzt / Krankenschwester. **h.** Verkäufer. **i.** Bäcker. **j.** Fischer.

9 **a.** Mañana será otro día. **b.** No dejar para mañana lo que se puede hacer hoy. / Hacer hoy lo que se puede dejar para mañana (contraria). **c.** A quien madruga, Dios le ayuda.

6. Subjuntivo II

1 **a.** ich würde schlafen. **b.** er würde lernen. **c.** ihr würdet gehen. **d.** du würdest anrufen. **e.** wir würden lesen. **f.** Sie würden warten.

2 **a.** wir wüssten. **b.** du könntest. **c.** ihr wolltet. **d.** sie wären. **e.** du dürftest. **f.** er müsste. **g.** ihr wüsstet. **h.** ich wäre. **i.** Sie hätten.

3 **a.** ich wäre gekommen. **b.** wir wären geblieben. **c.** du hättest gesagt. **d.** ihr hättet gefragt. **e.** er hätte geschrieben. **f.** Sie wären gegangen.

4 **a.** hätte. **b.** gewesen wären. **c.** hast. **d.** geregnet hätte. **e.** könnte. **f.** lieben würdest.

5 **1d – 2e – 3b – 4a – 5c.**

6 **a.** ob. **b.** Wenn. **c.** ob. **d.** wenn. **e.** Ob. **f.** ob. **g.** ob / wenn.

7 **1a – 2b / 3c – 4d / 5f – 6e / 7g – 8h / 9j – 10i / 11l – 12k / 13n – 14m.**

8 **a.** HOSE. **b.** HEMD. **c.** ROCK. **d.** MANTEL. **e.** KLEID. **f.** JACKE. **g.** PULLI. **h.** SCHUHE. **i.** HUT. **j.** UNTERHOSE. **k.** STRÜMPFE. **l.** STRUMPFHOSE.

9 **a.** Größe. **b.** Farbe. **c.** anprobieren. **d.** klein / kurz. **e.** groß / lang. **f.** Paar. **g.** passt.

10

G	R	A	U										
	O					O							
	S	C	H	W	A	R	Z						
	A			E		A							
				I		N							
				ß		G					B		
					G	E	L	B			R	O	T
					R			L	I	L	A		
					Ü			A			U		
					N			U			N		

11 **a.** Handtasche ➜ sac à main. **b.** Gürtel ➜ ceinture. **c.** Hosenträger ➜ bretelles. **d.** Geldbeutel ➜ porte-monnaie. **e.** Taschentuch ➜ mouchoir. **f.** Regenschirm ➜ parapluie. **g.** Sonnenbrille ➜ lunettes de soleil.

7. Voz pasiva

1 **a.** Der Rasen ist vom Gärtner gemäht worden. **b.** Die Maschinen werden oft von den Technikern kontrolliert. **c.** Der Brief wurde von der Sekretärin geschrieben. **d.** 1906 malte Picasso dieses Bild. **e.** Wer komponierte die Zauberflöte? **f.** Eine Wespe hat mich gestochen. **g.** Die Geschenke werden von den Kindern eingepackt. **h.** Mein Vater baute das Haus.

2 **a.** Um 21 Uhr ist das Geschäft geschlossen. **b.** Um 13 Uhr ist das Essen gekocht. **c.** Am Abend war alles vorbereitet. **d.** Für die Feier war das ganze Haus geputzt.

3 **a.** Das Auto ist repariert worden. **b.** Es wird viel getanzt. **c.** Die Fassade wird renoviert. **d.** Damals wurden Briefe geschrieben. **e.** Im Sommer wurde später gegessen. **f.** Ich bin zum Essen eingeladen worden.

4 **a.** gefunden. **b.** empfangen. **c.** bestellt. **d.** angehalten. **e.** untersucht. **f.** unterbrochen.

5 **a.** angeschaut. **b.** angesehen / angeschaut. **c.** ansehen / anschauen. **d.** sehen. **e.** geschaut.

6 **a.** Nachspeise. **b.** Fleisch / Gemüse. **c.** Getränke. **d.** Kuchen / Obstsalat. **e.** Rechnung / Trinkgeld.

7 **1b – 2d – 3e – 4c – 5a.**

8 KARTOFFEL / KAROTTE / SALAT / BOHNE / GEMÜSE / APFEL / TOMATE / ORANGE / ERDBEEREN / FRÜCHTE, OBST.

❾ Tisch / Personen / Uhr / Uhr / Namen / Terrasse / frei / voll / Uhr / Tisch / drinnen / Name.

❿

								S	A	L	Z	
								E				
	T	E	L	L	E	R		R				
				ö				V				
				F				I				
	G		P	F	E	F	F	E	R			
	L			E				T				
G	A	B	E	L				T				
	S						M	E	S	S	E	R

⓫ **1d – 2a – 3b – 4c – 5f – 6e.**

8. Nominativo

❶ **a.** Dieser kleine Junge. **b.** ein schönes Instrument. **c.** Diese alte Dame. **d.** Weiße Schuhe. **e.** Dieser junge Mann.

❷ **a.** das Paket ➜ Was ist für Paul? **b.** Paul ➜ Wer sucht den Hausschlüssel? **c.** der Ausweis ➜ Was liegt hier? **d.** Sie ➜ Wer ist die neue Deutschlehrerin? / die neue Deutsch-lehrerin. ➜ Wer ist sie?

❸ **a.** die. **b.** die. **c.** das. **d.** die. **e.** das. **f.** der. **g.** das. **h.** die. **i.** der. **j.** der. **k.** das. **l.** die. **m.** die. **n.** das. **o.** das. **p.** das.

❹ **a.** die Lehrerin. **b.** der Freund. **c.** das Mädchen. **d.** die Mutter. **e.** der Verkäufer. **f.** der Arzt. **g.** die Bäuerin. **h.** die Schwester.

❺ **a.** die Wagen. **b.** die Blumen. **c.** die Sängerinnen. **d.** die Fotos. **e.** die Stühle. **f.** die Vögel.

❻ **a.** das Buch. **b.** die Frucht. **c.** der Tisch. **d.** der Gott. **e.** das Heft. **f.** das Büro.

❼ **1b – 2a / 3d – 4c / 5e – 6f / 7h – 8g.**

❽ **a.** der Onkel. **b.** das Mädchen. **c.** die Übung. **d.** das Essen. **e.** das Instrument. **f.** der Strauß. **g.** der Tag. **h.** der Eingang.

❾ **a.** der Badeanzug. **b.** der Bademeister. **c.** die Badehose. **d.** das Badetuch. **e.** der Sommerurlaub. **f.** die Sommernacht. **g.** die Sommersprossen. **h.** das Sommerkleid. **i.** der Sonnenstich. **j.** der Sonnenschirm. **k.** die Sonnenkreme. **l.** der Sonnenbrand.

❿ **1d** Eingangstür – **2h** non composé – **3f** Schlafzimmer – **4b** Badezimmer – **5c** Wohnzimmer – **6e** Esszimmer – **7g** Briefkasten – **8a** Kinderzimmer.

⓫ **a.** der Esstisch. **b.** der Schreibtisch. **c.** das Kinderbett. **d.** der Kleiderschrank. **e.** non composé. **f.** non composé. **g.** non composé. **h.** die Spülmaschine. **i.** die Waschmaschine. **j.** der Kühlschrank. **k.** non composé. **l.** das Bücherregal.

⓬ **a.** geklopft. **b.** geklingelt. **c.** aufmachen. **d.** herein. **e.** Platz. **f.** anbieten. **g.** Besuch.

⓭

W	N	M	K	O	U	J	I	S
A	S	K	M	C	A	V	K	P
S	X	L	L	T	S	X	O	I
C	T	O	I	L	E	T	T	E
H	C	R	K	L	H	W	N	G
B	A	D	E	W	A	N	N	E
E	Z	U	D	F	E	E	B	L
C	L	S	S	X	C	X	A	P
K	L	C	A	F	K	D	A	M
E	H	H	Y	O	E	F	E	J
N	N	E	I	U	N	O	D	B
R	D	V	P	G	R	U	C	V

bañera: Badewanne
lavabo: Waschbecken
espejo: Spiegel
ducha: Dusche
aseo: Toilette ou Klo

⓮ HAUSNUMMER / POSTLEITZAHL / HAUSMEISTER / ADRESSE / TELEFONNUMMER / HAUSSCHLÜSSEL / ANSCHRIFT.

9. Acusativo

❶ **a.** diesen jungen Schauspieler. **b.** dieses neue Theaterstück. **c.** diese russische Tänzerin. **d.** diese französischen Filme.

❷ **a.** frische Brötchen. **b.** die neue Schulreform. **c.** einen kleinen Test. **d.** kein schöner Film. **e.** ein kleines Hotel. **f.** der Briefträger.

❸ **a.** sie. **b.** ihn. **c.** euch. **d.** dich.

❹ **a.** keine. **b.** ein(e)s. **c.** keiner. **d.** ein(e)s.

❺ **a.** diesen Samstag. **b.** die ganze Woche. **c.** Nächsten Monat. **d.** ein ganzes Jahr. **e.** Letztes Mal.

❻ **a.** viel. **b.** sehr. **c.** Viele. **d.** viel. **e.** vielen. **f.** sehr. **g.** sehr.

❼ **a.** Du trinkst viel. **b.** Er trinkt viel Wasser. **c.** Es gibt viele Leute. **d.** Er liebt dich sehr. **e.** Es ist sehr schön. **f.** Sie hat sehr viel Geld.

❽ **a.** ¡Pásatelo bien! **b.** ¡Mucho éxito! **c.** ¡Buena suerte! **d.** ¡Que disfrutes! **e.** ¡Muchas gracias! **f.** ¡Con mucho gusto! **g.** Estimado señor…

❾ **1c – 2e – 3f – 4a – 5b – 6d.**

❿ **a.** alt. **b.** lang / breit. **c.** schwer. **d.** hoch. **e.** weit.

⓫ **a.** breit. **b.** lang. **c.** alt. **d.** schnell. **e.** schwer. **f.** groß.

⓬ **a.** GEWICHT. **b.** ALTER. **c.** GESCHWINDIGKEIT. **d.** HÖHE. **e.** LÄNGE.

⓭

												W
												O
				W					W			H
			W	I	E				A			I
				E			W	E	S	S	E	N
				S			A					
			W	O	H	E	R					
			E				U					
			R		W	E	M					
					E							
		W	A	N	N							
		I										
W	I	E		L	A	N	G	E				
		V										
	W	I	E		O	F	T					
		E										
		L										

10. Dativo

❶ **a.** einer kleinen Stadt. **b.** den Kindern. **c.** dem Bruder. **d.** dieser Dame. **e.** einem alten Mann. **f.** diesem Mann. **g.** einem Monat.

❷ **a.** mir. **b.** ihr. **c.** Ihnen. **d.** dir. **e.** uns.

❸ **a.** einer einzigen Schülerin. **b.** kleinen Kindern. **c.** einem armen Mann. **d.** einer alten Dame.

❹ **1c – 2f – 3e – 4b – 5a – 6d.**

❺ **a.** Ich habe euch ein Päckchen geschickt. **b.** Ich schenke dir die Uhr. **c.** Ich habe es ihr gesagt. **d.** Ich habe deinem Bruder das Geld gegeben.

❻ **a.** Ich habe ihr eine Mail geschrieben. **b.** Ich habe sie Paul geschrieben. **c.** Wir schenken es ihnen.

❼ **a.** Er hat zu viel Arbeit. **b.** Es ist zu langsam. **c.** Ich sehe sie wenig. **d.** Er schläft zu wenig. **e.** Er ärgert mich zu sehr. **f.** Er macht zu wenig Sport.

❽ **1d – 2e – 3b – 4f – 5c – 6g – 7a.**

❾ **1.er dibujo:** 2 Ohr, 3 Auge, 6 Kinn, 5 Mund, 1 Stirn, 4 Nase, 8 Schulter, 7 Hals. **2.º dibujo:** 1 Kopf, 3 Arm, 5 Hand, 7 Bein, 6 Finger, 8 Knie, 4 Bauch, 9 Fuß, 2 Brust, 10 Zeh.

⑩ 

⑪ a. ¡Cierra la boca / Cállate! **b.** Estoy hasta las narices. **c.** Vivir por todo lo alto. **d.** La mentira tiene las patas muy cortas. **e.** No te rompas la cabeza.

11. Genitivo

❶ **a.** die Tasche des kleinen Mädchens. **b.** das Auto eines reichen Mannes. **c.** die Schulbücher der neuen Schüler. **d.** der Stock einer alten Frau.

❷ **a.** die Koffer von den deutschen Touristen. **b.** das Fahrrad von dem kleinen Mädchen. **c.** die Sporthalle von der neuen Schule. **d.** der Plan von einem alten Flughafen.

❸ **a.** Peters Buch liegt auf dem Tisch. **b.** Kennst du Sabines neuen Freund. **c.** Der kleine Bruder von Paul ist in meiner Klasse. **d.** Ich habe der Frau von Richard eine Mail geschrieben.

❹ **a.** Trotz. **b.** Wegen. **c.** während. **d.** Wegen.

❺ **1.ª columna:** der Student, den Studenten, dem Studenten, des Studenten. **2.ª columna:** der Löwe, den Löwen, dem Löwen, des Löwen.

❻ **1.ª columna:** die Studenten, die Studenten, den Studenten, der Studenten. **2.ª columna:** die Löwen, die Löwen, den Löwen, der Löwen.

❼ **a.** el príncipe. **b.** el ser humano. **c.** el oso. **d.** el policía. **e.** el niño. **f.** el mono. **g.** el compositor. **h.** el cuervo. **i.** el héroe.

❽ **a.** in die. **b.** in. **c.** nach. **d.** in.

❾ **a.** der Engländer. **b.** Afrika. **c.** der Franzose. **d.** Asien. **e.** der Europäer. **f.** Irland. **g.** der Italiener. **h.** Griechenland.

⑩ **a.** Spanisch. **b.** Chinesisch. **c.** Englisch. **d.** Japanisch. **e.** Italienisch. **f.** Russisch.

12. Acusativo – dativo

❶ **a.** in die. **b.** in der. **c.** am. **d.** ans. **e.** im. **f.** auf der.

❷ **a.** an. **b.** auf. **c.** in. **d.** neben. **e.** zwischen. **f.** über.

❸ **a.** im Kino. **b.** ins Bett. **c.** ins Schwimmbad. **d.** in der Zeitung. **e.** in den falschen Bus. **f.** im Internet. **g.** in der Schule.

❹ **a.** gelegt. **b.** setzen. **c.** stehen. **d.** hängt. **e.** liegt.

❺ **a.** Häng. **b.** gesessen. **c.** stehe. **d.** lag. **e.** standen.

❻ **a.** du kämmst dich. **b.** er freut sich. **c.** wir machen uns einen Tee. **d.** ich setze mich.

❼ **a.** Ich habe keine Zeite, ich muss mich vorbereiten. **b.** Dreh dich nicht um! Er ist da. **c.** Sie hat sich sehr gut benommen. **d.** Wir haben uns im Urlaub (in den Ferien) gut erholt. **e.** Beeil(e) dich! Der Film beginnt in 5 Minuten / fängt in 5 Minuten an. **f.** Ich habe mich noch nicht angezogen.

❽ **1g – 2b – 3f – 4e – 5c – 6a – 7h – 8d.**

❾ **a.** oben. **b.** Drinnen / nach draußen. **c.** links / rechts. **d.** von rechts. **e.** nach hinten.

⑩ **a.** komme. **b.** geradeaus. **c.** Biegen. **d.** Nehmen. **e.** verlaufen / verfahren. **f.** Richtung.

⑪

										K					
K		M		B		S	C	H	W	I	M	M	B	A	D
R		U		A						R			Ä		
A		S	C	H	U	L	E			C			C		
N		E		N						H			K		
K		U		H				T	H	E	A	T	E	R	
E		M		O									R		
N				F									E		
H									P				I		K
A	P	O	T	H	E	K	E		O						I
U									S	T	A	D	I	O	N
S	U	P	E	R	M	A	R	K	T						O

13. Sintaxis

❶ **a.** Mein Sohn zieht im Mai um. / Im Mai zieht mein Sohn um. **b.** Er ist heute losgefahren. / Heute ist er losgefahren. **c.** Du kannst nächste Woche bei mir wohnen. / Nächste Woche kannst du bei mir wohnen.

❷ **a.** (...), ob das Wetter am Wochenende schön wird. **b.** (...), ob ihr Bruder am Samstag mitkommen kann. **c.** (...), ob er deine Mutter angerufen hat.

❸ **a.** Wenn es keinen Verkehr gibt, kommen wir pünktlich an. **b.** Ich möchte meine Mutter anrufen, bevor wir anfangen. **c.** Nachdem wir Sabine zum Bahnhof gebracht haben, können wir dich nach Hause fahren.

❹ **a.** obwohl. **b.** bevor. **c.** dass. **d.** damit. **e.** bis. **f.** wenn. **g.** ob.

❺ **a.** weil. **b.** Da. **c.** denn. **d.** weil.

❻ **a.** schneeweiß *(blanco nieve)*. **b.** hellgrün *(verde claro)*. **c.** rabenschwarz *(negro azabache)*. **d.** hausgemacht *(hecho en casa)*. **e.** lebensfroh *(feliz de la vida)*. **f.** seekrank *(tener mareo)*.

❼ **1g.** Stroh / dumm. **2d.** Kinder (pl.) / leicht. **3b.** Riese / groß. **4f.** pflegen (Pflege) / leicht. **5c.** Farben (pl.) / blind. **6a.** Bild / hübsch **7e.** Feder / leicht.

❽ **a.** am Apparat. **b.** zurückrufen. **c.** verwählt. **d.** Telefonnummer / Vorwahl. **e.** Nachricht. **f.** Hallo. **g.** Auf Wiederhören

❾ **a.** FERNSEHEN. **b.** RADIO. **c.** BUCH. **d.** BRIEF. **e.** ZEITUNG. **f.** ZEITSCHRIFT. **g.** NACHRICHTEN. **h.** TAGES-SCHAU.

⑩ **a.** das. **b.** das. **c.** der. **d.** die / das. **e.** die. **f.** die / das. **g.** der. **h.** die. **i.** die. **j.** das. **k.** der / das. **l.** die. **m.** das. **n.** das.

⑪ **1d – 2e – 3f – 4a – 5b – 6g – 7c.**

14. Verbos modales

❶ **a.** soll. **b.** musste. **c.** Darf. **d.** dürfen. **e.** kann. **f.** Möchten. **g.** kann. **h.** Weißt.

❷ **a.** darf. **b.** kann. **c.** will. **d.** möchte. **e.** muss. **f.** soll.

❸ **a.** wiederholen. **b.** rufen. **c.** ausfüllen. **d.** buchstabieren. **e.** warten. **f.** halten.

❹ **1c – 2e – 3b – 4a – 5f – 6d.**

❺ **a.** Sie darf weder ausgehen noch Freunde einladen. **b.** Du musst ihn entweder heute Abend oder morgen Mittag anrufen. **c.** Sie kann sowohl Italienisch als auch/wie auch Englisch. **d.** Ich möchte entweder ein Schokoladeneis oder einen Schokoladenkuchen.

❻ **a.** der Zug. **b.** das Flugzeug. **c.** der Wagen. **d.** das Schiff.

❼ **a.** el cruce. **b.** el accidente. **c.** la circulación. **d.** los atascos. **e.** el semáforo. **f.** el surtidor de gasolina.

❽ **a.** HALTESTELLE. **b.** AUTOBUS. **c.** U-BAHN. **d.** STATION. **e.** MOTORRAD. **f.** STRAßENBAHN. **g.** AUTOBAHN. **h.** STRAßE.

❾

F						
L	A	U	F	E	N	
I						
E			R			
G	E	H	E	N		
E			N		S	
N			N		E	
			E		G	
	L	A	N	D	E	N
					L	
F	A	H	R	E	N	

15. Verbos con prefijo

❶ **a.** verstanden. **b.** gewonnen. **c.** verboten. **d.** empfehlen. **e.** erzählt. **f.** bekommst. **g.** entdeckt. **h.** benommen.

❷ **a.** einladen. **b.** aufgeräumt. **c.** Bringen (...) mit. **d.** angerufen. **e.** steigen (...) aus. **f.** vorbeigegangen. **g.** zurückgekommen.

❸ **a.** I. **b.** S. **c.** S. **d.** I. **e.** I. **f.** S. **g.** I. **h.** I. **i.** I. **j.** S. **k.** S. **l.** I.

❹ **a.** aufmachen. **b.** angefangen. **c.** vergeht. **d.** hören. **e.** besuchen. **f.** durchgefallen.

❺ **Verbo:** abfahren, ankommen, bestellen, unterschreiben. **Sustantivo:** die Erklärung, die Erzählung, der Anfang, die Wiederholung.

❻ **a.** an. **b.** um. **c.** aus. **d.** zugenommen. **e.** abnehmen.

❼ **a.** her. **b.** hin. **c.** hin. **d.** her. **e.** her. **f.** hin.

❽ **a.** aber. **b.** aber. **c.** sondern. **d.** sondern. **e.** aber. **f.** sondern.

❾ **1d – 2e – 3a – 4f – 5g – 6c – 7b.**

❿ **1e – 2g – 3f – 4b – 5d – 6c – 7a.**

⓫ **1d – 2e – 3c – 4g – 5a – 6b – 7f.**

⓬ **1a** ausgegeben **– 2d – 3e** bezahlt **– 4b** überwiesen **– 5c** verdient.

⓭

⓮ **a.** El tiempo es oro. **b.** Más vale tener un hombre y no dinero que tener dinero y no un hombre. **c.** El dinero no da la felicidad. **d.** Está forrado.

16. Verbos con régimen preposicional

❶ **a.** für. **b.** nach. **c.** um. **d.** von. **e.** zu. **f.** über. **g.** über. **h.** für.

❷ **a.** dich. **b.** dich. **c.** den. **d.** meine. **e.** dich. **f.** eine. **g.** dich. **h.** der.

❸ **a.** danach. **b.** daran. **c.** an ihn. **d.** An sie. **e.** daran.

❹ **a.** Woran. **b.** An wen. **c.** Wofür. **d.** In wen. **e.** Womit.

❺ **a.** stolz. **b.** einverstanden. **c.** zufrieden. **d.** fertig. **e.** weit. **f.** freundlich.

❻ **1g – 2e – 3b – 4a – 5f – 6d – 7h – 8c.**

❼ **a.** Ich habe gehört/erfahren, dass Sabine geheiratet hat. **b.** Ich möchte Deutsch lernen. **c.** Sie lehrt ihn Tennis spielen. / Sie bringt ihm Tennnis spielen bei. **d.** Ich lerne besser am Morgen als am Nachmittag. **e.** Sie lehrt die Ausländer Deutsch. / Sie bringt den Ausländern Deutsch bei.

❽ **1f – 2e – 3b – 4c – 5d – 6a.**

❾ **a.** Flughafen. **b.** Gepäck. **c.** Fenster / Gang. **d.** Flug. **e.** Bahnhof / Gleis. **f.** Ermäßigung. **g.** Fahrkarte.

❿

			L									
			A									
			N		G							
			D	O	R	F		A				
					E			U				
					N			S				
					Z	O	L	L				
F					E			A				
A						S		N				
H	A	U	P	T	S	T	A	D	T			
N						A						
E						D						
						T	O	U	R	I	S	T

⓫ **a.** La Selva Negra. **b.** El lago Constanza. **c.** La catedral de Colonia. **d.** El bosque Bávaro. **e.** Aquisgrán. **f.** Ratisbona. **g.** El mar Báltico. **h.** El mar del Norte.

⓬ **a.** REISE. **b.** FERIEN. **c.** URLAUB. **d.** AUSWEIS. **e.** REISEPASS. **f.** ZUSCHLAG. **g.** FLUGTICKET. **h.** AUFENTHALT.

17. Infinitivos

❶ **a.** ø. **b.** ø. **c.** zu. **d.** zu. **e.** zu. **f.** zu. **g.** ø.

❷ **a.** anstatt (...) zu. **b.** um zu / um zu. **c.** Ohne (...) zu. **d.** ohne (...) zu. **e.** Um (...) zu. **f.** ohne zu.

❸ **1f – 2d – 3g – 4h – 5b – 6e – 7a – 8c.**

❹ **a.** Stundenlanges Warten... **b.** Wundermedikament zum Abnehmen... **c.** Wenig Essen... **d.** Das Einkaufen ist... **e.** Beim Fahren eingeschlafen.

❺ **a.** Ich brauche ein Glas zum Trinken. **b.** Das ist eine schöne Wiese zum Spielen. **c.** Vor dem Laufen mache ich ein paar Sportübungen. **d.** Ich komme nach dem Trainieren. **e.** Er braucht einen Stock zum Gehen.

❻ **1h – 2e – 3f – 4c – 5a – 6g – 7d – 8b.**

❼ **a.** fallen. **b.** schlagen. **c.** brechen. **d.** heben. **e.** springen. **f.** verlieren. **g.** ziehen. **h.** schneiden. **i.** steigen.

❽ **a.** Wir sind nach Berlin gefahren, um meine Tante zu besuchen. **b.** Wir planen, nach Indien zu reisen. **c.** Ich werde früher aus dem Büro gehen, um ihn abzuholen. **d.** Ich freue mich, mit der ganzen Familie eine Woche in Wien zu verbringen. **e.** Er betrat den Raum, ohne mich zu grüßen. **f.** Anstatt ein Geschenk zu kaufen, werde ich ihm Geld geben. **g.** (pas de virgule).

❾ **a.** Hör auf **b.** anhalten. **c.** hielt (...) an. **d.** blieb (...) stehen. **e.** hört (...) auf.

❿ **a.** Ich höre auf zu spielen. **b.** Bleib stehen! Ich kann nicht so schnell gehen. **c.** Halt an! Es ist rot. **d.** Hör auf, Schokolade zu essen. **e.** Die Polizei verhaftete den Dieb (nahm den Dieb fest), als er aus dem Haus herauskam.

⓫ **1e – 2b – 3a – 4f – 5d – 6c.**

18. La posesión

❶ **a.** mein. **b.** eure. **c.** ihr. **d.** deine. **e.** seine. **f.** unser.

❷ **a.** seinen. **b.** meine. **c.** ihre. **d.** deine. **e.** euren. **f.** unsere.

❸ **a.** Sabine ist bei ihrem Freund. **b.** Paul ist auch bei ihrem Freund. **c.** Paul ruft seinen Freund an. **d.** Paul ruft seine Freundin an. **e.** Sabine ruft ihre Freundin an. **f.** Sabine ruft seinen Freund an. **g.** Sabine ruft seine Freundin an. **h.** Paul ist auch bei ihrer Freundin.

❹ **a.** seine. **b.** uns(e)rer. **c.** eu(e)re. **d.** dein(e)s. **e.** meine. **f.** eu(e)re.

❺ **a.** ihrem. **b.** deinen. **c.** eu(e)re. **d.** Ihrer. **e.** seinem.

❻ **a.** erst. **b.** nur. **c.** erst. **d.** nur. **e.** erst. **f.** nur.

7 **a.** Solo hemos recorrido 100 km. / Solo hemos ido a 100 km por hora. **b.** Él ha escrito solo una página. / Solo ha escrito una página. **c.** No llegará antes de mañana. / Solo estará un día: mañana.

8 **a.** Ich habe ihn (am) Anfang der Woche getroffen. **b.** Sie ist Mitte dreißig. **c.** Am Ende war es besser. **d.** Er arbeitet seit Mitte Dezember. **e.** Sie haben Ende Juni geheiratet. **f.** Es steht am Anfang des Buches.

9 **a.** Se acabó. **b.** Estuve de principio a fin. **c.** Se me acaban las fuerzas. **d.** Todos los comienzos son difíciles. **e.** Yo podría comer sin fin. **f.** Esto no tiene fin.

10 **a.** Nichte / Neffe / Neffe. **b.** Schwiegermutter / Schwiegervater / Schwiegereltern. **c.** Schwägerin / Schwager. **d.** Onkel / Tante. **e.** Kusine / Kusin. **f.** Großeltern. **g.** Urgroßvater. **h.** Enkelin / Enkel. **i.** Enkelkinder.

recuadro **a.** die Braut (la esposa). **b.** der Bräutigam (el marido). **c.** der Ehering (la alianza). **d.** das Brautkleid (el vestido de novia). **e.** das Brautpaar (los novios).

11 **a.** heiraten. **b.** Heiratsantrag. **c.** die Scheidungsrate / Hochzeiten / Ehe. **d.** bekommen ihr erstes Kind. **e.** die Liebe auf den ersten Blick.

19. Los pronombres relativos

1 **a.** den. **b.** wo. **c.** den. **d.** denen. **e.** das.

2 **a.** Das Bett, wo ich schlafe, ist nicht breit. **b.** Die Stadt, woher ich komme, liegt im Norden. **c.** Das Restaurant, wohin ich gehen wollte, hat zu. **d.** Das ist ein kleines Kino, wo gute Filme laufen.

3 **a.** deren. **b.** dessen. **c.** deren. **d.** dessen.

4 **a.** Peter ist ein Schüler, mit dem ich sehr zufrieden bin. **b.** Kennst du einen Schauspieler, dessen Name mit D anfängt (beginnt)? **c.** Das ist der Film, der einen Oscar gewonnen hat. **d.** Er wohnt in Heidelberg, wo ich 5 Jahre lang gearbeitet habe.

5 **a.** Was. **b.** Wer. **c.** was. **d.** was. **e.** das. **f.** Wer. **g.** was.

6 **a.** Die. **b.** denen. **c.** Den. **d.** den. **e.** Der.

7 **a.** gelegt. **b.** aufstellen. **c.** gegeben hat. **d.** stellen. **e.** anziehen.

8 **a.** Stell das Buch ins Regal! **b.** Mein Hund hat seine Ohren aufgestellt. **c.** Was hast du heute angezogen? **d.** Heute hat meine Henne keine Eier gelegt. **e.** Wo soll ich dir die Spritze geben?

9 **a.** 1, 10. **b.** 2, 4, 5, 9, 13. **c.** 7, 8, 11, 12, 13. **d.** 3, 6, 8, 13.

10 **a.** die → el calor. **b.** das → el clima. **c.** la lluvia. **d.** die → la temperatura. **e.** der → la nieve. **f.** das → el hielo. **g.** der → el granizo. **h.** der → el viento. **i.** der → el rayo. **j.** das → el tiempo. **k.** der → el arco iris. **l.** der → el trueno.

11

									P
									L
									A
					S	T	E	R	N
							R		E
				S			D		T
			W	O	L	K	E		
				N					
				N					
H	I	M	M	E	L				
		O			U				
		N			F				
		D			T				

12 **a.** JANUAR. **b.** FEBRUAR. **c.** MÄRZ. **d.** APRIL. **e.** MAI. **f.** JUNI. **g.** JULI. **h.** AUGUST. **i.** SEPTEMBER. **j.** OKTOBER. **k.** NOVEMBER. **l.** DEZEMBER°. **m.** FRÜHLING. **n.** SOMMER. **o.** HERBST. **p.** WINTER.

20. La comparación

1 **1.ª línea:** Paul ist so dick wie ich. Paul ist dicker als ich. Paul ist am dicksten von allen. **2.ª línea:** Sabine ist so schlank wie ich. Sabine ist schlanker als ich. Sabine ist am schlanksten von allen. **3.ª línea:** Ana ist so schnell wie ich. Ana ist schneller als ich. Ana ist am schnellsten von allen.

2 **a.** kleinste. **b.** billiger. **c.** längste. **d.** höchste. **e.** früheren. **f.** am meisten.

3 **a.** teurer. **b.** hübscheste. **c.** weitesten. **d.** dunkleren. **e.** ältesten. **f.** süßesten.

4 **a.** Ich gehe gern zu Fuß. **b.** Fährst du lieber mit dem Zug oder mit dem Auto. **c.** Ich lese gern. **d.** Am liebsten bleibe ich zu Hause.

5 **a.** lieber / am liebsten. **b.** gern. **c.** am liebsten. **d.** lieber.

6

				S	C	H	A	T	Z
						A			
		M				S			
B		Ö				S			
E		G				E			
L	I	E	B	L	I	N	G		
I		N		I					
E				E					
B				B					
T		L	I	E	B	E	N		

7 **a.** weniger. **b.** mehr. **c.** mehr. **d.** weniger.

8 **a.** Was für ein Auto hast du? **b.** Was für Bücher liest du gern? **c.** Mit was für einer Maschine bist du geflogen? **d.** In was für ein Restaurant gehst du lieber?

9 **a.** Welche (Linie) nimmst du (meistens)? **b.** Auf welcher (Schule) warst du? **c.** Welche (Zeitung) liest du? **d.** Zu welchem (Bäcker) gehst du (oft)?

10 **a.** Für welche Zeitung arbeitest du? **b.** Mit welchem Lehrer lernst du Deutsch? **c.** In welcher Firma arbeitet er? **d.** Ich weiß nicht, welchen Zug er genommen hat? **e.** Welche Bücher sind für mich?

11 **a.** böse. **b.** schnell. **c.** dick. **d.** trocken. **e.** leise. **f.** sauer. **g.** glücklich. **h.** leicht.

12 **a.** gesund / krank. **b.** stark / schwach. **c.** fleißig / faul. **d.** intelligent / dumm.

21. Números ordinales y cardinales

1 **a.** siebzehn Komma fünfundzwanzig. **b.** achthundert-sechzig. **c.** eine Million vierhunderttausend.

2 **a.** zum zehnten Mal. **b.** im einundzwanzigsten Jahrhundert. **c.** Papst Paul der Sechste

3 **a.** MONTAG. **b.** DIENSTAG. **c.** MITTWOCH. **d.** DONNERSTAG. **e.** FREITAG. **f.** SAMSTAG. **g.** SONNTAG.

4 **a.** Ich bin am sechzehnten Juli angekommen. **b.** Heute ist der neunundzwanzigste Februar. **c.** Ich war im Mai 2012 in Berlin. **d.** Sie haben am Samstag, den/dem fünfzehnten Mai geheiratet. **e.** Wir fahren an/zu Weihnachten weg.

¡Bravo, has llegado al final del cuaderno! Ahora es el momento de analizar tus competencias y contabilizar los iconos para proceder a la evaluación final. Apunta el subtotal de cada capitulo en las casillas de aquí abajo para sumarlas y obtener el numero final de iconos de cada color. Después, ¡descubre los resultados!

	🙂	😐	☹
1. Presente de indicativo			
2. Imperativo			
3. Perfecto			
4. Imperfecto			
5. Futuro			
6. Subjuntivo II			
7. Voz pasiva			
8. Nominativo			
9. Acusativo			
10. Dativo			
11. Genitivo			
12. Acusativo – dativo			

	🙂	😐	☹
13. Sintaxis			
14. Verbos modales			
15. Verbos con prefijos			
16. Verbos con régimen preposicional			
17. Infinitivos			
18. La posesión			
19. Pronombres relativos			
20. La comparación			
21. Números ordinales y cardinales			

	🙂	😐	☹
Total, de todos los capítulos			

Has conseguido mayoría de...

🙂 **Gratuliere!** Dominas las bases del alemán, ¡estás listo para pasar al nivel 2!

😐 **Nicht schlecht!** Pero todavía puedes progresar... Vuelve a hacer los ejercicios que te han dado problema, pero antes, ¡echa un ojo a las lecciones!

☹ **Noch einmal!** Estás un poco oxidado... Repite todo el trabajo del cuaderno leyendo bien las lecciones antes de hacer los ejercicios.

Créditos: Illustrations / © MS.

Diseño: MediaSarbacane

Maquetación: Violeta Cabal

Depósito legal: Abril 2015
N° de edición: 3401
ISBN: 978-2-7005-0692-1
www.assimil.com
Impreso por DZS en Eslovenia